人生哲學

林麗珊 著

三民書局

三版序

　　2009 至 2010 年間，我在美國 University of Washington 以 Visiting Scholar 的身分進修，接近尾聲正待束裝返國之際，出版社捎來此書即將三版的訊息，問我是否要為這已經十二歲大的「孩子」寫個新序？當初寫書我就深覺如同孕育一個孩子般必須看顧它一輩子，只是沒有想到它這麼受歡迎；此書是我的第一本著作，經隔多年，除了寫序我是否也應該將整本書重新寫過？

　　這番思量讓我想起法國哲學家 Roland Barthes 著名的〈作者之死〉的精神：一部作品的問世意味著一道細流融入了意義的汪洋，作者既不是文本的源頭，也不是文本的終結，作者在作品問世之後即當消失於作品面前，猶如細流增添了新的水量，又沉默接受大海的倒灌隱身其中。作者的原意如何，不但他自己無法百分之百把握，詮釋者究竟有無符合其意，更是難以認定；文本不需要有固定的意涵，意義也不被規則所反映，全部放任觀賞者自由解讀，就在解讀、詮釋的當下，意義的多元與豐富隨機呈現；文本向作為合作者和消費者的讀者開放，驅動其創造性的參與，和臻至類似烏托邦境界的快感體驗。一如創立柏林劇團的現代劇場改革者 Bertolt Brecht 所提倡的，「甩開」(distancing) 作者，將作者縮身為彷如舞臺遠端靜默的小雕像，解構傳統戲劇中觀眾不加思考的觀賞習慣，以片段、疏離、非寫實、奇異化的題材，刺激觀眾自我省思、評斷的能力，進而達到改造自我、變革社會的目的。("THE DEATH OF THE AUTHOR", in *THE NORTON ANTHOLOGY OF THEORY AND CRITICISM*, ed. by Vincent B. Leitch, et al., Norton, New York, 2001, pp. 1466～1470.)

　　基於這樣的理念我打消了改寫此書的計畫，只做錯漏字的修訂。出書至今，人生喜怒哀樂、起承轉合，有時真的就像我的學生戲稱「人生哲學」是「人生折磨」一般，父親、奶奶相繼過世，周遭親友婚喪喜慶、悲歡離合，真實的人生戲

劇，日日輪番上演、齣齣扣人心弦。科技發展瞬息萬變，不變的是人遭逢的處境，愛、恨、情、仇這些人類所獨具的情緒翻騰，如今可能更加艱難面對。猶記得 2006 年的 2 月，當我在澳洲墨爾本酷熱的氣候下揮汗寫作時，前往荷蘭阿姆斯特丹攝影的長兄透過電腦視訊，將時正寒冬定居在美國的姊姊、在臺灣過年的媽媽串連起來，一起在網路上歡度華人的新年；當時我開玩笑的說，或許有一天，高科技也能發展到邀請雲遊天鄉的父親，一起加入我們的網路團聚。縱然科技文明頻頻創新，人類的情感卻是亙古不移，唯隨思慮之周延越見深刻，是以「天若有情天亦老」、「曾經滄海難為水」。

　　如何擺站個豁達的人生姿態？在美期間的某個冬日清晨醒來，意外迎見西雅圖第一場紛飛的細雪，雪花片片隨風緩緩飄落，不禁想起日本唯美派大師谷崎潤一郎的經典作品《細雪》——在隆冬飄落的雪花中出遊賞櫻，以男性的柔情尋索女性身體、容貌、氣味、性情……的溫暖。不論是改編的電影、電視劇和歌曲，都深深傳達日本國花的精神「生似花開之盛，死如花落之美」！任事盡心盡力、待人真誠踏實、處己不愧不怍，不就是一如繁花盛開般豁達的美麗人生！

自　序

　　1990 年，我還在輔大哲研所就讀的時候，眼見即將取得博士候選人的資格，心裡卻無端的困惑起來，我不知道人活著到底是為了什麼？二十多年來披星戴月努力讀書的辛勞，一下子化為荒謬的恐怖自嘲：「人早晚要死，活著幹什麼？」

　　或許我生性遲鈍，直到此時方有這種感悟；也或許升學考試一路順遂，直到發現已無試可考，頓失人生的方向。有位計程車司機說，他的女兒就讀某大學，乖巧聽話，幾年來自己打工存錢，準備到美國念研究所，出發前兩個月卻發現自己得了胃癌，他告訴女兒，書不要念了，好好的去做自己想要做的事吧！女兒說：「老爸，除了繼續讀書，我不知道自己想做什麼？」

　　大概是心理影響身體，或者身體的不適導致厭世的想法，那時候我的健康狀況很差，短短幾個月瘦了將近十公斤，醫生診斷不出病因，只說是內分泌失調，我又常常有自殺的想法，可是卻提不起勇氣。有次，連出門的力氣都沒有，我問正在讀報的哥哥：「人活著到底是為了什麼？」哥哥頭也不抬的隨口回答：「為往聖繼絕學，為萬世開太平。」他背得朗朗上口，我卻難過得紅了眼眶。哥哥好心，為我那間頂樓小房加裝冷氣，讓我讀書舒服點，後來又給我一筆錢到日本去散散心。多年男友則帶我上教堂，幫我禱告，祈求宗教的開示，十八般武藝全搬出來後，見我似乎毫無起色，只好使出最後一招，娶我回家。

　　婚後，先生要求我做三件事情：一是每天和他慢跑，從附近小學操場三圈開始，慢慢增加到二十圈，改善身體狀況；二是奉獻心力於教學工作，立志做個稱職的老師；三是學習愛人，愛親人，愛周遭的人，還有愛自己。

　　幾年過去了，持續不斷的運動的確讓身體狀況不藥而癒；對教學研究的責任感，以及為幫助學生初探哲學堂奧，一篇篇努力撰寫的上課講義累積成這本著作；至於愛自己，則是養成喜歡尋訪有獨特品味的咖啡小館，一邊閱讀一邊啜飲濃郁

的黑色飲料，雅痞一番頗有暫離俗塵的自我陶醉之感；最重要的是，愛人如己、常懷感恩之心這類古董話，竟然費了番周折，仍是只有這種醒世箴言才能言詮生命的意義。

　　這本書雖稱不上嘔心瀝血之作，但卻是幾年來好多個不眠夜晚用心思索、努力爬格的成果。將它整理出版，不是不怕有野人獻曝之譏，而是一為方便選修「人生哲學」通識課程的學生上課有個參考，課後又能繼續自我進修，所以增列了「推薦讀本」和「電影欣賞」兩部分，每章至少挑選三本相關論題的著作，和一至三部精彩的電影，以彌補上課的不足，文章之前，更以問題式的「課前研討」，來刺激、啟發學生的思考；二來出書是為給自己的研究工作，記錄下年輕時候的見解，尤其是，從質疑自己生命的意義開始，多年哲學功課的學習彷彿才鮮活起來，如今之所以不再那麼驚恐的理由，就是此書主要想傳達的訊息。

　　最後，雖是慣例卻仍是必須，我要感謝寄託所有希望於兒女身上的父親，由於他無條件、全心全意的讚賞，讓我經常從他含淚的支持眼光中，催促自己實現令他驕傲的期許；感謝母親，她不是讀書人，無法瞭解我的作品，但是她的愛心與堅毅，讓我深深體會到犧牲奉獻的偉大；感謝我的哥哥與弟弟，他們在金錢上從不吝惜的支助，使我的研究工作未曾因為經濟問題而受干擾；以及我親愛的姊姊，從我初上臺北求學到進入社會謀職，不論是穿著打扮、交友戀愛，她總是最佳的顧問，甚至為了讓我兼顧家庭與事業，將我女兒視如己出日夜照顧。

　　如果有頒獎典禮需要致答詞，以上就是我永遠的講稿，如果還有獎項可以領取的話，我會第一個獻給我的先生，他的寬容、善良與體貼，是我這一生都要向他學習的功課，能夠容忍一個經常情緒起伏很大的伴侶，實在必須有過人的修養與愛心，這一點我的先生已從他母親那裡盡得精髓。此書付梓，若有足稱精闢的見解，必是昔日授業師長傾囊指導的成績，不及一一列舉，在此鞠躬申謝；並期盼各方專家學者，不吝批評指教，日後改進。

目 次

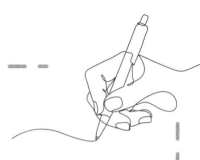

目 次

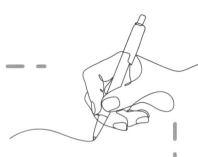

01

第一章　哲　學

 **課前研討**

Q：宇宙中只存在我們所居住的這個世界嗎？你是誰？你從哪裡來，將往何處去？

在日常生活中，大部分的人都有過哲學性的思考，只是若要解釋「哲學是什麼」，卻又相當棘手。

羅素 (Bertrand Russell, 1872～1970) 曾在他的《西洋哲學史》序言中提到：「『哲學』是一種介於神學與科學之間的學問。一方面類似神學，含有對若干『確定的知識』截至現在尚無法確實瞭解的事物的揣測；但一方面又類似科學，訴諸人類的理性，而不是訴諸權威……；但在神學與科學之間，有一『無人地帶』，可能遭受來自兩方面的侵襲，這一個『無人地帶』就是哲學。」❶ 從「哲學」(philosophy) 的字義來看，不論東西方都指陳著「對智慧 (sophia) 的愛好與追求 (philo)」之意，哲學家是「愛智者」，哲學研究就是在學習「如何明智」、「如何有智慧」的一門學問；若就實質意義而言，哲學研究大致可以歸納成幾個要項，即「澄清語意」、「追求真理」與「選擇價值」。語意的澄清是後面兩項的基礎，因為真理的追求與價值的選擇，均有賴於用字遣詞的精確掌握和條理分明的思考訓練，進而建立辨識真偽的能力，啟發蒙昧，擴展知識的研究，選擇真正的價值依循。

「哲學是什麼？」簡單的說，就是人們想要瞭解自己、認識世界的求智之學。

一、澄清語意

語言是傳達訊息、情感交流的重要媒介，然而人和人之間的摩擦衝突，也經常是來自於個人使用語詞的意涵有所不同，造成溝通上的障礙。例如，有個人名

---

❶ 羅素著，《西洋哲學史》，邱言曦譯，臺北，中華書局，1976，頁一。

叫「朱戈」，朋友當街喚他名字時，一定引來不小的誤解；如果小名就叫「四郎」的，就要提醒朋友發音務必正確，否則切記不要在街頭高聲呼喚他，以免引來一陣痛打。語詞意涵容易產生歧義，所以不僅要小心使用，避免誤解，也要精確的掌握，才能表達初衷。關於語詞的含糊使用，雖然在某些場合常能製造「笑果」，但卻非嚴謹的哲學思考所樂見。例如，名叫「陳建仁」、「龐光大」、「戴乃召」的人，可能都會因為人們的自由聯想而產生困擾；「地球」出版社就曾經發生過一件趣聞，聽說在某個豔陽高照的大熱天裡，有位年輕小姐滿頭大汗的找到了地球出版社，她劈頭就問：「請問這裡是地球嗎？」屋裡的人先是愣了一下，接著有人不慌不忙的回答道：「是呀！你是外星人嗎？」除非我們是在閒談、在交際應酬，否則哲學的思辨是不能含糊其詞的，所以哲學研究首重澄清語意。

其次，當我們面臨不知如何行動的困境時，最需要的並非他人代為主張，而是對事實狀況做進一步的瞭解。一般而言，吾人行動受「思想」左右，而思想內容由個別「概念」串成的「句子」組成，因此，釐清概念意涵，呈顯清晰明白的陳述句子，才有可能針對事實理出頭緒，進而提供行動的指導。雖然如眾所周知的，知未必能行，但站在哲學研究的立場，「知」是一種理智的訓練，「行」是意志的貫徹，我們首先應在理智的層面培養清晰的思考習慣，才有可能讓我們的行動不是盲目的依從，對於意志的貫徹，也較能提出堅持的理由。再進一步從知的角度來看，各種科學都在追求知識，但哲學則是針對知識本身，探討知識的可能性，這包括對認識者（能知）、被認識的對象（所知），及兩者間的關聯等等有關知識的條件與限度的研究。而概念是知識的基本元素，也是知識最簡單的形式，精準的使用概念，避免語意的模稜兩可，接受個人能知的極限，建立對所知內容抽絲剝繭的能耐，就是哲學的基本訓練，它有助於我們追求真理。

二、追求真理

哲學導源於對現存信念的懷疑和批評，當新觀念和舊傳統之間產生衝突時，我們會對真理的存在產生困惑。為尋求合理的解決方式，建立更趨近於真理的答

案，通常會將傳統中只建立在有限證據上的信念予以揚棄，而對於新觀念則強調必須提出有力的說明，包括理論結構應該合乎邏輯要求，以及不能忽略與事實之間的關連。這是一種要求精確，凡事打破沙鍋問到底的態度。雖然所謂「絕對的真」很難確立，但隨著不斷反省批判的結果，我們可以找到問題的癥結；亦即，很多時候是非很難辨明，但並非表示就沒有是非，透過論辯與溝通，蒙蔽的事件會逐漸明朗，絕對之真雖未必可待，但也八九不離其實了。

　　舉例來說明，初民以神話解釋世界，企圖消弭人類對自然現象的驚懼，但當人們開始質疑神話的可靠性時，哲學的種子已悄悄萌芽。早期的哲學家放棄不明就裡的信仰，開始正視實際經驗的觀察結果，以人類獨具的理性能力，期望給世界一個合理的解釋。蘇格拉底 (Socrates, 470〜399 B.C.) 就是典型的代表，他在雅典街頭，終日與市民周旋論辯，除了探索世界之謎，也呼籲人們要慎思明辨、重整道德，對當時的政治制度亦有不少的譏評諷刺，這使得當眾受辱的人懷恨在心，指責他已嚴重破壞傳統的價值觀念，而當政者亦不滿於他對時政的批評所造成的殺傷力，於是在西元前 399 年，蘇氏被判處死刑❷。其實，蘇氏的罪名後來受到平反，正是因為他只是在追求真理。蘇氏之死象徵哲學研究的過程中一項十分重要的意義是，真理絕對不是廉價的商品，它有時是必須以生命相搏的。

　　追求真理的過程應先培養捐棄偏見、避免武斷的態度，就像蘇格拉底一樣，他唯一能夠確定的就是自己的無知，虛懷若谷，才可能聽見真實的聲音。前美國總統布希曾幽默的說：「以前覺得自己的高爾夫球打得很好，自從卸下總統職務之後，發現周圍的人球技都進步了。」有些人喜歡以專家、權威的口吻來樹立威信，

---

❷ 西元前 399 年，在安尼特斯 (Anytus)、梅勒特斯 (Meletus) 和李康 (Lycon) 三人的控告下，雅典法庭以二百八十一票對二百二十票的表決結果，判決蘇氏死刑，罪名是「信奉異教，腐化青年」，時年七十。雖然主政者在處決蘇氏之後，曾重新予以平反，宣告無罪、恢復他的名譽，且先後放逐、處死發動這場控訴的始作俑者，但往者已矣，蘇氏在法庭中護衛真理的滔滔雄辯 (APOLOGY)，和服從律法不願逃獄的從容就死 (CRITO)，已經留下千古不朽的典範，及對後世無遠弗屆的影響。

其實沒有了利害關係，講話有人喝采才是真的精采；也有些人經常自認分析事情絕對客觀，殊不知每一個人深受自己成長背景諸多因素的影響，以致看待事物的角度、立場也不一致，如此一來，「客觀」是什麼意思？強調立場絕對公正客觀的人，要不是過分矯揉虛偽，就是愚昧無知。因此，「有多少證據說多少話」，論辯過程盡量不預存己見、邏輯連貫、立場一致、沒有矛盾，是追求真理起碼的要求。

　　哲學家並非特別聰明的人，但他們一生追求智慧。柏拉圖 (Plato, 427～347 B.C.) 以欲望的節制，勇氣的培養，加上理性的智慧，作為「完人」的最佳詮釋。對亞里斯多德 (Aristotle, 384～322 B.C.) 而言，理性的自我讚賞，是人生最大的幸福所在，比起欲望的滿足、名聲的顯揚更有意義。所以如果有人問，追求真理是為了什麼，希臘三位哲人可能都會異口同聲的回答：「為了止於至善。」

三、選擇價值

　　「止於至善」無疑是一連串價值選擇的最終目的。在對新舊信念的評估過程中，最大的危險是人生價值立場的衝突，舊信念搖搖欲墜，新信念尚未堅定，若順應傳統的價值觀念行事，容易獲得鼓勵與讚許，但無法消除內心的疑慮，如若採行與舊傳統差異甚大的新信念，則不但個人付出的賭注甚大，也容易造成周圍親友的強烈阻攔，這種衝突在日常生活中是屢見不鮮的。不管是就業、情感、待人處事等等，所謂「原則性的堅持」，都可能引發價值觀的衝突與重整。以大學選系考量的例子來看，是要選擇日後出路較好的科系，或是忠於自己的興趣即使冷門也願孤注一擲？聽從親朋好友尤其是父母的安排，常可減少許多紛爭，但如此一來個人也失去嘗試的機會，甚至壓抑自己真正的期盼，如若執意聽任自己的意願，很多人又常恐懼於無力承擔後果。

　　這種新舊價值觀的衝突所造成的痛苦，常使許多人質疑哲學思考的功能，但哲學家大多認為，對自幼被灌輸的信念，重新審視一番，摒棄也好，再次認同也好，有選擇的能力，才是真正的「人」，真正活著的人。沙特 (Jean-Paul Sartre, 1905～1980) 就曾指出，人可以聽任社會來塑造自己，但這是對自己的未來缺乏

誠意的表現，人之所以為人的意義，就是必須通過抉擇的過程，創造自己的生活，找到真實的自我，實現自由，這才是人生的價值。所以，有人說：「我要當一隻無憂無慮、快快樂樂的豬，有何不可？」當然可以，只是有點惋惜，沒有發揮成為一個人的特性，沒有體會更深的感動，枉走人生一遭罷了。理性可能是福氣，也可能成為禍首，但只有人擁有。

關於這一點，蘇格拉底主張的「德即是知」，可作為進一步的說明。蘇氏認為，「善」也是一種知識，更是一種真實客觀的價值體系，透過理性的邏輯訓練，吾人可以將它確實掌握，並且一旦掌握，沒有人會抗拒實現這種善。哲學研究就是要提供理性的訓練，培養我們對於善知識敏銳的辨識和精確的掌握能力；道德即是知識，良好的生活有其客觀的標準，可以作為我們研究和追求的對象，窮究我們理性的努力是可望能夠獲得至善之境界的。

面對今日多樣豐富的知識體系和紛亂雜沓的價值觀念，哲學研究以上述三項目標為基軸，在「知識論」(Epistemology) 的課程中，教導學生分辨主體之能知的邏輯系統，和所知之客體的範疇結構，以及主客之間所形成的知識內容的真確性等等，其中「邏輯學」(Logic) 成為知識論的主要工具，它提供最基礎的語意澄清之訓練，透過合理的推論過程，建立可靠的知識系統。純粹求知並非只教導我們做個生活的旁觀者，它的重點仍在於如何指導我們的行為，使知與行的分際盡量縮小，哲學中的「倫理學」(Ethics) 在這方面以知識論的基礎，提供道德實踐中衝突的原因分析，以及新舊信念的價值評估，培養較整全的視野，學習堅定個人的實踐意志。至於「哲學概論」和「人生哲學」的通識課程，可以說，主要是針對初學者或非哲學系學生，前者以知識論為主，後者以倫理學為主的簡易版本。

大學教育是個通才教育，也是種菁英教育，在大學的課程中將哲學訓練納入通識課程裡，是相當重要的。因為，藉由以上所提哲學研究的意義與功能，可提供青年學生如下的訓練：

(1)瞭解生活中的哲學問題

(2)培養理性思考的習慣

(3)破解意識形態上的迷思

⑷建立自我人生的意義感

　　一般人在遭遇問題時，常因情緒失控、情感的過分激動而失去理智，以致無法有效解決問題，若能在平時就有挖掘問題的習慣，置身事外的冷靜思考就可發揮其作用。這一方面不但可過濾自己某些固執成見的非理性成分，梳理意識形態上的迷失；另一方面則可進一步為可能遭遇的諸種問題，提出相應的解決之道，既可幫助自己掙脫困境，也可為陷入愁城的友人提供適當的建言。當然，對於自我人生的意義，也可望由此重新獲得確認。

　　今天的社會經常出現許多似是而非的議論，令聽者莫衷一是，究其實乃是個人觀念的混淆不清，導致真理曖昧不明，價值選擇搖擺不定。如果我們有分辨論者或自身觀念前後是否邏輯一貫的能力，評估信念本身的意義及其影響程度，判斷何為真實何為虛矯，掌握自己真正的需求，那麼在人生價值立場的選擇上，較可以避免混沌，在言人人殊、蜚短流長的議論中，也較能有獨樹一格的清醒。況且，一個習慣於反省思考的人，不但能坦誠的面對自己情感上的繁複多變，也能準確的閱讀出他人的真實感受，寬容、體貼等諸多美德，經常是從對人生的透徹瞭解中，自然的流露出來。總之，哲學訓練對於建立獨立自主的人生觀是有幫助的，從檢討、分析、忠實的面對自己開始，不管經歷了什麼，得到或失去了什麼，我們都會有更深的感動與悲憫，而智慧常常就是如此閃現在既了解又釋然的臉孔中，學習從容自在也是人生的樂趣。

 # 推薦讀本

喬斯坦・賈德 (Jostein Gaarder) 著 ，《蘇菲的世界 （上）（下）》 (*SOPHIE'S WORLD*)，蕭寶森譯，臺北，智庫文化，1995（原書 1986），一版。

▶ 以寫小說的方式，在縱面向上讓我們瞭解哲學思想發展的歷史背景，在橫面向上則深入淺出的介紹哲學家們精湛的論點，且精心安排的最後結局玄妙而發人深

省,難怪此書成為世界性的暢銷書。哲學書寫到成為暢銷書,豈只是廣告的作用?這是一本值得推薦給初學者的入門書。

威爾・杜蘭 (Will James Durant) 著 ,《西洋哲學故事》 (*THE STORY OF PHILOSOPHY*),陳文林譯,臺北,志文出版社,1982(原書 1926),二版。

▶ 一個人出生時的家庭環境、成長過程和社會狀況,對於其日後發展成形的思考見解,當然具有相當重要的影響。本書每一篇章的開頭都以近似哲學家小傳的方式,介紹一代哲人的個性、趣聞、遭遇,引人入勝的故事加上流暢的譯筆,帶領讀者逐漸進入哲學的世界,即使當中有些理論讀來稍感艱澀,仍不失為一本趣味盎然又能滿足求知欲的好書。

博琴斯基 (J. M. Bocheński) 著 ,《哲學講話》,王弘五譯,臺北,鵝湖出版社,1992,十版。

▶ 若作為教科書,前兩本顯然篇幅太長,估計必須兩個學期的上課時間才能完整且仔細的講解完,而《哲學講話》則能彌補此項缺陷。本書以幾個重要的哲學問題作出發,可以在只有一個學期的哲學通識課程中,啟發學生的思考,不但課間討論游刃有餘,還可因材施教補充資料。自學者也能循此書所講解的內容,瞭解哲學概論的幾個重要論題。

 # 電影欣賞

奇士勞斯基 (Krzysztof Kieslowski) 導演,《十誡——十段生命的掙扎》,臺北,年代影視,1997(原片 1988)。

▶ 從片名就可以知道,這五支錄影帶十段故事的主題,正是在描述生命過程中許多的掙扎。影片沒有好萊塢式的炫麗聲光,但是導演的拍攝手法宛如詩人,緩緩移動的鏡頭似是欲語還休,窒息的停格醞釀破繭而出的喜悅,一如宗教家般對人生無奈的悲憫與寬恕,不斷撩撥沉寂的思緒啟迪哲思。

02

第二章　宗　教

課前研討

Q：人在肉體死亡後，會不會仍然以某種方式繼續存在？
   **1.如果有， 以自殺的方式結束不滿意的此生， 來生從頭開
     始，可不可以？**
   2.如果沒有，短暫的偶然存在有何意義？

　　從人類文化發展的脈絡來看，先民對於人肉體死亡後，會有某種非物質性的繼續存在之想法，由來已久。這或許起因於，人類不敢面對死亡乃一無所有的恐懼，而衍生出永生的期盼；也或許不分時空的鬼魂傳說、托夢指示、預見未來、死而復生（回陽人）等等，難以用有限經驗加以解說的奇特事蹟，不斷在周遭被聽聞、遇見；更有可能是，人生過程中實在痛苦折磨多於享受福樂，唯有透過延長今世，有前世、來世的說法，並有一位全知全能、公正無私的神明，會給我們最後賞善罰惡的審判，才能解釋為何同樣生而為人，卻有迥然不同的遭遇。若相信肉體死亡之後仍有某種形式的存在，進而據此揣摩神明的監督，這是很自然的發展，只是在不同的學科領域裡，各有不同的處理方式。

　　在西方哲學的論述上，身、心是有所分別的二元理論，一直是思考人類問題的主流想法，有些哲學家甚至未曾質疑這種二元區分，即努力以形上學的論辯方式，例如提出靈魂是單純實體，不像其他物體是混合實體，故不會解體之類的解釋，企圖提供人有非物質性的存在，或者靈魂是永恆不滅的學理基礎。這類論辯，當然無法制止近代多數科學家的主張：人只不過是血肉之軀，所謂人非物質性的諸種現象，只不過是身體複雜的理化作用之結果；近代哲學也在某種程度上呼應這種主張，強調人之僅有此生的寶貴機會，應該努力尋求自我實現，不要過分寄託於神的庇護，把握此生才是存在的首要意義。有宗教信仰的人對這個問題的處理方式自然也是不同，我們可以說，初期宗教信仰的建立，雖然也是起源於人類對死亡之後生命狀態的探索，以及對人生價值意義的追尋，然而不同的是，宗教

信仰透過「終極實體」(ultimate reality) 的存在（祂在不同的宗教信仰裡有不同的稱號，例如基督宗教的「耶和華」、「上帝」、「神」，回教的「阿拉」……；在哲學界可能稱為「第一因」、「道」……；在科學界是非擬人化的，只是相對於「受造物」的「創造者」），以保證這些情感的投射不會是一廂情願的揣測，由於祂們是全知全能，具有審判和救贖的偉大力量，短暫生命的痛苦瓦解、邪惡失序的混亂人生、倫理價值的對立衝突等等，都可以獲得解釋和補償。然而，真有這樣的實體存在嗎？簡單的說就是，「神」是一個事實，還是幻想？

一、神是人的異化

德國哲學家馬克思 (Karl Marx, 1818～1883) 的名言「宗教是人民的鴉片」，一直是「無神論」(Atheism) 者藉以嘲諷對宗教有狂熱信仰的人之座右銘。依照馬克思的意思，神的概念是人所創造出來的，人因自身的有限乃向外投射出一個無限的全知全能者，建立神祕、理想的境界以麻醉現實生活中的不滿。所以，神是人自身的「異化」(alienation)。

「異化」是一個相當重要的哲學觀念，主要出現在黑格爾 (G. W. F. Hegel, 1770～1831)、費爾巴哈 (Ludwig Feuerbach, 1804～1872) 和馬克思的著作中。按照黑格爾的說法，神是人的幻覺，神的意識無非是人的意識，是人存在的「現實世界」與「純粹意識」分裂、疏離、異化的結果。費爾巴哈進一步強調這種異化形式的重要，他認為，宗教意識是人自身意識發展過程中不可缺少的階段，因為人把淨化之後的人性投射出去創造了神性，藉由神這個對象與人自身的疏離，人得以體認真實的自己，所以，神的出現是人類自我認識的間接方式，也是人對價值的追求予以「絕對化」之後，再加以「人格化」的結果。馬克思發揮異化理論，將之運用到宗教、經濟、政治各個層面，他指出，人通過勞動的過程創造了世界，世界反成了「異己的」東西與人相對立，甚至反過來壓迫人類自身的存在，人類的勞動成為一場異化的活動，人與人之間不但未見更加親密，反而越來越疏遠。

尼采 (Friedrich Nietzsche, 1844～1900) 也宣稱上帝是人類虛構的作品，神的

形象越偉大，人的價值就越渺小，「上帝已死」，真實存在的是一如螞蟻般的個體，不要把強烈的欲望棄置在理智的虛矯之下，每一個人皆應以發展成為超人為職志，要剛毅、勇敢且決斷，讓個人權力意志的衝動欲望成為創造力的主體與價值的根源。

心理分析大師佛洛依德 (Sigmund Freud, 1856～1939) 運用人類戀母弒父的愛憎情結（伊底帕斯情結）理論，解釋了宗教的起源。他認為自然界的力量雄偉高貴也冷酷殘忍，人類以其豐富的想像力，將自然界的這股力量轉換成神祕的、具備人格性的力量；人類之所以畏懼且服從於宗教命令，乃源自於弒父以代之的原始罪惡感，和取悅父親以繼承產業的諂媚心態。他說，究其實宗教乃是人類普遍的「強迫性妄想症」之現象。

二、神存在的證明

哲學上對神之存在的質疑，不勝枚舉，但試圖證明神之存在的努力，亦自古即有。最有名的即是西元十一世紀坎特伯利 (Canterbury) 大主教安瑟倫 (Anselm, 1033～1109) 所提出的「存有學論證」(the ontological argument)。為了解答基督教會內弟兄們的疑問，他提出的上帝存在可以三段論證的方式來表示：

上帝是「沒有比祂更偉大的可被思考者」。

但是，「沒有比祂更偉大的可被思考者」必然存在，不僅存在於心內的觀念，

也同時存在於心外的世界。

所以，上帝存在，不僅存在在我們的觀念中，也存在在現實的世界中。

(God is that than which no greater can be thought.

But that than which no greater can be thought must exist,

not only mentally, in idea, but also extramentally.

Therefore God exists, not only in idea, mentally,

but also extramentally.)❶

安瑟倫藉此論證說明，首先人無法否定心中具有上帝的觀念，而就上帝這個觀念來講，祂是「沒有比祂更偉大的可被思考者」，既然如此，如果祂僅存在於心中，必導致另一具備實際存在者的存在比之更完美的矛盾現象，因此，祂不能沒有實際的存在，否則就不能說是「沒有比祂更偉大的可被思考者」了。因此，安瑟倫認為，沒有人能同時有上帝的觀念，而又否定祂在現實世界中的存在，上帝不僅存在於我們的觀念中，也存在於現實的世界中。進一步衍生其義就是，以上帝這個語詞來說，祂意指一絕對完美的觀念，既是絕對完美，就不應有不存在的缺憾，並且因為祂是絕對完美，所以也不會被時空所侷限，自然就沒有所謂的開始存在或終止存在的問題，祂根本就不可能不存在。

對這個論證的批評，在安瑟倫的時代就已有人提出，很明顯的「思想存有」(ideal being) 和「實際存有」(real being) 不同。例如思想中的「美人魚」、「人面獅身獸」，並不保證在現實世界中就有一真實的對應物存在。但是，針對此種批評，安瑟倫會反駁說，「美人魚」、「人面獅身獸」，甚至一「完美的島嶼」之類的觀念，都沒有「上帝」這個觀念的「完美」，因為祂是「沒有比祂更偉大的可被思考者」，祂是　「最完美的觀念」、「最大的概念」　❷　。安瑟倫的論證，在笛卡兒 (René Descartes, 1596～1650) 的時代又被提出來。笛卡兒說一個無比完美的東西必然包含存在的性質，存在就是上帝的屬性之一，不存在的上帝就不成其為上帝。

安瑟倫的論證被稱為「先天論證」(a priori proof)，因為他是以分析存有的觀念入手，而不是以後天的經驗為論據。多瑪斯 (Thomas Aquinas, 1224～1274) 的「五路論證」(the five proofs of God's existence)，從經驗世界出發，透過五種不同的角度，企圖提出上帝存在的證明，他的方法被稱之為「後天論證」(a posteriori

---

❶ Frederick Copleston, *A HISTORY OF PHILOSOPHY (II)*, The Newman Press, U.S.A., 1950, p. 162.

❷ 安瑟倫在回答同一時代的高尼洛 (Gaunilo) 神父的質疑時，即提出，「完美」一詞只能用來指稱上帝，高尼洛提出想像中「完美的島嶼」也應存在的嘲諷，是對完美一詞的使用不當。

proof)：

第一路：「從運動來證明」（運動性）。經由日常的感官經驗我們知道，運動之物是被他物所推動，無限的推動系列不可能，所以，推到最後必有一個不被他物所推動的「第一動者」，此即是上帝。

第二路：「從形成因來證明」（因果性）。在感覺世界中隨處可看到事物的形成和生長的事實，這些事實說明事物的發生有其原因，此原因不可能來自自己，而是由外在的因素所造成，如此必有「第一因」的存在以終止原因的無限推衍，此第一因即是上帝。

第三路：「從偶有性來證明」（偶然性）。從萬物都是存在一段時間後就消失的事實來看，萬物都是偶然的存在，如果是必然存在，就不會進入存在，也不會消失，所以，必有一個自始至終都存在的「必然存在」，才能說明何以沒有東西存在的世界開始有東西存在，此必然存在即是上帝。

第四路：「從存在等級來證明」（價值性）。人們常有這個比那個更美、更好、更真的比較，這些比較暗示著有一客觀的標準存在，推論至最後必有一個「最美、最善、最真者」的存在，它當然就是上帝。

第五路：「從世界秩序來證明」（目的性）。此一論證又可稱為「目的論論證」。我們經常看見無機物為某種目的而運作，這些運作並非意外事件而是有意的結果，但無機物沒有知性，不可能從事有意的行為，必然存在一知性的存有，以安排事物朝向目的而行，因此，從萬事萬物在繁雜中呈現著和諧的秩序朝往目的實現來看，必出自於上帝的巧思無疑。

三、不可知論和賭注

多瑪斯的五路論證將自然界中的「第一動者」、「第一因」……，直接指稱為即是基督宗教信仰的「上帝」，在論證上是不夠充足的。經驗主義哲學家休謨(David Hume, 1711～1776)即提出批判說：關於上帝存在的論證，主要來自於自然秩序由果到因的經驗論證；亦即，從經驗中，當我們看到一項精細的作品，我

們會推論它不是偶然成形的，必是有一位創作者的精心策劃方有可能；據此，我
們看到周遭自然世界的和諧秩序，猶似更為精細的偉大作品，必然也是來自於一
偉大的創作者，這種論證可稱之為「設計論證」(argument from design)。只是休謨
進一步指出，設計論證只不過是一種經驗的類推，並不具備邏輯的必然性，所以
不能算是一種論證；何況，從已知的結果，我們只能推論出產生此結果的直接原
因，休謨舉例說，在天平看得見的一邊放置一個十盎司重的東西，它被看不見的
另一邊壓得高高升起，我們只能推論此邊之物必超過十盎司，卻不能驟下定論說
它有一百盎司，甚至說它的重量是無限的。因此，從一個有限的自然世界，我們
無能也不能推論出一個無限的智慧性創造者存在❸。並且，針對人們慣常形容上
帝是「仁慈且全能」這點來看，休謨提出一個有名的「兩難論證」(dilemma) 加以
駁斥，他說：

> 如果世上的惡是來自上帝的旨意，那麼祂就不是仁慈的；
> 如果世上的惡是違背上帝的旨意，那麼祂就不是全能的；
> 世上的惡與上帝的旨意一致，或與上帝的旨意相違背，
> 則上帝或者不是仁慈的，或者不是全能的。
>
> （　　　　　$P \rightarrow Q$
> 　　　$\sim P \rightarrow R$
> 　　　$P \vee \sim P$
> 　　$\therefore Q \vee R$　　　　）(valid)

惡之存在不僅可以經常經驗到，它更是自然世界的一部分，作為仁慈且全能的宇
宙設計神之理論，無法圓滿解釋惡之存在的事實。顯然對於上帝存在的論證，吾
人只能停留在思考的層次，而無法跨越實際經驗的層次。除了感官所見之外，一

---

❸ David Hume, *ON HUMAN NATURE AND THE UNDERSTANDING*, ed. by Antony Flew, Macmillan Publishing Company, New York, 1962, p. 140. 另其關於「設計論證」的詳細討論，參見 *DIALOGUES CONCERNING NATURAL RELIGION*。

切尚待證實，人的靈魂是否不朽以及上帝是否存在的論題，完全超出人類經驗所能到達的領域，休謨對這類問題建議採取一種「不可知論」(Agnosticism) 的態度。

關於神存在或不存在的論爭，法國思想家巴斯噶 (Blaise Pascal, 1623～1662) 的賭注 (Pascal's Wager)，提供了一個有趣的休兵論。他說：人活在世上，難免要面對有神或者沒有神的抉擇，如果你相信有神，將來你贏了，就可以獲得一切，即使輸了，也只是判斷錯誤，並沒有任何損失，所以趕快下賭有神存在吧！這個建議聽起來倒是頗有實用價值。

神存不存在的問題，若從邏輯的角度來看，目前我們的確只能「存而不論」，既無法證明其真實存在，也不能斷言祂不存在。以下面的論證為例：

> 若上帝存在，則祂一定是全能且全善，
> 但是世間有罪惡存在，
> 若上帝願意阻止罪惡存在卻不能阻止，則祂不是全能的；
> 若上帝能夠阻止罪惡存在卻不願阻止，則祂不是全善的；
> 若罪惡存在，則顯然是上帝不願或不能阻止罪惡存在，
> 所以，由上可知，上帝並不存在。
>
> （ $A \rightarrow (B \cdot C)$
> D
> $(E \cdot \sim F) \rightarrow \sim B$
> $(F \cdot \sim E) \rightarrow \sim C$
> $D \rightarrow (\sim E \lor \sim F)$
> $\therefore \sim A$ ）(invalid)

這一個論證中，從「若上帝存在，則祂一定是全能且全善」前提本身的假設條件難以證實，加上若從邏輯推論的形式來看也不夠完善，導致推論無效，所以其結論「上帝並不存在」不真，但我們不能因此就斷言「可見上帝存在」。否則，如果當我們提出一種主張或見解，因為別人攻不破或無法證明其為假，就認為是真；或因為無法證明其為真，就認為是假，我們就犯了邏輯上所說的「訴諸無知的謬

誤」(argument from ignorance)。例如常聽到人家說：「你所提的理由不成立，所以我的理由成立。」其實，正確的做法應該是，「我的理由成立」要另尋證明；因此「你無法證明神存在，所以神根本不存在」，或「你無法證明神不存在，可見神存在」的說法都是犯了邏輯上訴諸無知的謬誤。當代科學一口咬定鬼神、靈魂未能建立根據，故為無稽之談，其實也已犯了此種謬誤。

四、宗教發展與類別

1.從縱面向來看

　　根據研究宗教發展的學者之瞭解，神的崇拜是一個受歷史條件所左右的活動。人類歷史的演進可做如下的推測：人從母親流血孕育下一代的過程中，產生「女神崇拜」，以表達人們對承擔生命生產的女性能力的敬畏及對豐收的祈禱，從人類考古出土的遺物中，常可發現女性的土偶，或女性性器官的壁畫、雕刻物可資證明；進入戰爭時期時，人一方面與大自然的連結仍密不可分，一方面嚮往有各類動物的專長，例如猛獸之威儀、鷹之犀利、蛇之矯捷等，於是出現「圖騰崇拜」，在宗教儀式或戰爭中，經常可見人們臉上漆上繽紛的色彩，或戴上動物面具模仿動物的呼嘯；當人類的技巧發展到工匠製作的階段時，人類形成對泥土、金、銀、銅、鐵所鑄造的「偶像崇拜」，這是人類擺脫與動物並列的期盼而誇耀自身本事的時期；隨後從對動物的認識和馴養中，發現生殖作用中的男性角色，以及私有財產制的出現，逐步促成「父權宗教」的建立，這種「男神崇拜」的社會，是以父親提出原則或法律的形式出現，最相似、最服從的兒子，就是最適合繼承一切的人選。

2.從橫面向來看

　　從另一個角度分析，宗教信仰的形式又有諸多類別。原始人類在經歷山洪、海嘯、地震、颶風等大自然恐怖也偉大的力量時，引起了對山、川、風、雨……

的敬畏，認為它們是有靈魂的，具有超自然神力的，這是一種「萬物有靈論」(Animism) 的信仰；當這些超自然的神力以人的形象人格化之後，原本附屬於物體上的靈魂，改以具備人性的形式出現，人類以人的喜怒哀樂情緒類比出神的意志表現，這是「多神論」(Polytheism) 信仰的特色；「泛神論」(Pantheism) 和上述的信仰略有不同，"pantheism" 的 "pan" 有「全、總、泛」的意義，意指「在一切之中」、「貫穿一切」的意思，將宇宙整體（包括人）視為一個偉大神性的表現，萬物皆是神，神即是萬物，神在萬物之中；當宗教信仰以拒絕諸神崇拜，而只接受唯一真神的形式出現時，是「一神論」(Monotheism) 信仰的來臨，西方基督宗教即是典型的代表；如果崇拜一個至高無上的神明，但不排斥其他神的存在，我們可以稱此種信仰為「單一神論」或「擇一神論」(Henotheism)。

五、東西方兩大體系

目前世界宗教大致有兩大體系：西方的基督宗教與東方的佛教思想。「基督宗教」(Christianity) 以《聖經》(*HOLY BIBLE*) 中，《舊約全書》的前五章（意即猶太教的「摩西五經」：〈創世記〉、〈出埃及記〉、〈利未記〉、〈民數記〉、〈申命記〉）為基礎，歷經一千六百多年，結合四十四個人之手，其中有飽學之士也有販夫走卒合力完成的巨著。基督徒認為，《舊約全書》中的預言在《新約全書》中已有應驗，且《聖經》歷經多人創作文筆仍有一致性的特色，說明《聖經》為神對人的啟示，並非人類的作品。《舊約全書》與《新約全書》是以耶穌誕生作為分野，第一章〈創世記〉說明宇宙萬物之創生，最後一章〈啟示錄〉則預告世界之滅亡過程。全書主要敘述人類因違背上帝意旨犯下原罪，被逐出伊甸園，上帝仁慈的救贖行動，透過聖母瑪莉亞的未婚懷孕生子，以聖子被釘死於十字架上的血水，洗刷人類的原罪；因此「信我者得永生」的真正意旨是，透過相信有耶穌存在的信仰，我們的原罪即獲得洗淨，在世界末日時，因信稱義，義人得以通過上帝的最後審判而重新回到伊甸園。簡易示之即是：原罪→死亡→相信→無罪→永生。十六世紀馬丁‧路德 (Martin Luther, 1483～1546) 的宗教改革，使基督宗教分裂為

「天主教」(Catholicism) 和「基督教」或「基督新教」(Protestantism) 的系統。兩者的主要差別在於，後者主張《聖經》可由個人詮釋而非神父的專權，人人皆為祭司，神職人員可以結婚擁有家庭生活，以及基於避免偶像崇拜的理由，十字架上不應有耶穌苦像，教堂裡也不應陳列聖母瑪莉亞的雕像。

　　東方的佛教思想是古印度迦毗羅衛國（約在今尼泊爾南方）的王子，希達多・喬達摩・釋迦牟尼 (Siddhārtha Gautama Śākyamuni, 565～485 B.C.) 所創。相傳釋迦牟尼的母親摩耶夫人，在返回娘家待產的途中，於沙羅樹下生下了釋迦牟尼。釋迦牟尼從小即喜歡思考人生的問題，二十九歲時捨離妻、子、王位，遁入山林苦修，尋求解脫之道，三十五歲時在菩提樹下開悟成道，之後開始宣揚佛法，直至八十歲時圓寂入滅為止。釋迦牟尼所覺悟的基本佛教內容，可以系統化為「四聖諦」之說，四條崇高的真理。一為「苦諦」，人生從生到死都是在苦難中度過，生老病死苦、愛恨離別苦，「一切皆苦」；苦難的原因源自於，世人以色、受、想、行、識「五蘊」之假合，誤以為是自我，執著世界之無常以為恆常所造成。二為「集諦」，釋迦牟尼以「十二因緣」進一步解釋苦難之因，無明→行→識→名色→六入→觸→受→愛→取→有→生→老死憂悲苦惱，逆轉來看，人生老死憂悲苦惱皆導因於虛妄無知的無明。所以，三為「滅諦」，就是要斷滅貪、瞋、痴「三毒」，克服集諦，斷除欲望，臻於涅槃之境。四為「道諦」，通過「三學」中的「八正道」之修行，獲得解脫；「慧」學之道在「正見」、「正思維」，「戒」學提出「正語」、「正業」和「正命」，「定」學強調「正精進」、「正念」和「正定」。隨著教團的發展與對原始教義的不同詮釋，逐漸出現重理智依文解義的「小乘佛教」，和重情感依義解文的「大乘佛教」，各宗各派的主張錯綜複雜，早已豐富了原始佛教的內容。

六、宗教信仰的功能

　　一般來說，宗教信仰具有「祈福」（祈求神明降福）、「欽崇」（禮讚造物主的偉大）、「解釋」（人生苦難的合理化）和「整合」（超越人性的局限）等四個功能；

它們穩定人們對存在問題的諸多困惑，並且透過教義規範、典禮儀式、聚會朝聖等等實踐活動，使其成員團結在一充滿祥和、安全、秩序的共同體中。眾所周知，穩定社會的力量，除了風俗習慣、法律規範外，宗教信仰所提供的道德禁令，對人類的行為同樣具有強烈的約束作用。它以戒律的形式提供成員類似的法律制度，聲明何者可為何者不可為，藉由道德實踐，賦予每個人存在的意義，並保證提升自由、幸福，以支持生命存續的勇氣。

　　現代科學過度主張理性、強調證據的結果，對宗教信仰造成很大的傷害，最明顯的就是從前藉以堅定信仰的宗教奇蹟，透過科學的實驗證明，逐漸揭去其神祕面紗，失去吸引力；加上新興宗教的功利取向，更使得傳統宗教濟世救人的淑世理想，在邪正勢力的交戰中，逐漸模糊。事實上，無神論者的痛苦，正是沒有超越的意義可供盼望，現代人也普遍找不到行善的動機；那些相信顯微鏡下的一切才是真實的科學家，或現代某些強調必須拿出證據才談信仰的知識分子，對於具備人格意義的神明雖然沒有興趣，但關於宇宙的起源，卻也不能否認有一個偉大的創造力量存在，只是這一個力量對它的創造物並未有左右其發展的企圖。這些排斥宗教信仰的人在理性的堅持下，經常是以情感的無所寄託作為代價。

　　人生價值的混亂、社會利益的衝突，宗教力量的鬆弛是為一大主因，沒有宗教信仰的人得另循途徑以建立道德上的自律，起碼對人生也要培養出一種具備超越意義的信念，建立非宗教的存在價值，否則宗教信仰仍不失為一探索人生意義的方式之一。生命是否是靈魂不斷轉世的現象，它經由受苦朝向淨化的最高境界而努力？或者，肉體死後人只是發散在空氣中的某種不具知覺意識的粒子，在偶然的碰撞中，又結合成新的生命形式？諸如此類的問題，仍是人類迄今想要揭開的謎題。不論是以漠不關心、故意忽略，或者以存而不論的態度來看這個問題的人，都不能忽略宗教信仰在這方面的安撫作用。所以，與其高舉著知識分子的優越意識，武斷的把宗教活動視為荒誕不經的迷信，不如好好的用心研究宗教經典，或許對人生會有不同的體驗。

 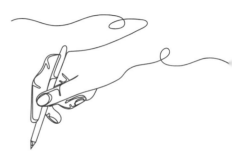

附 錄

「法律、道德與宗教」 在警政教育中的意義

校長、各位老師、各位同學，大家好！

今天非常榮幸上臺來做簡短的演講，我想利用這個機會和大家談談，今年全部四年級都要選修的「警政倫理學」課程，並且藉由這個說明，以表達我對警政教育的看法。

大概是在農曆年前，校長約見了大四學生代表座談時，有些學生對於周人蔘案和當前的社會現象，感到無所適從，甚至對前途、對人生有一種不確定、無意義的感覺。校長十分關心，於是召開行政會議，會議中決定要我加強「人生哲學」的上課內容。由於有些班級以前已經陸續修過「人生哲學」，加上我個人認為以大四學生的程度，另闢新的課程比較能符合他們的需求，於是提出「警政倫理學」的構想。

「倫理學」是哲學系學生的必修課程，它和「形上學」、「知識論」並列為三大重點科目，也是研究所入學考試的必考科目。那麼「倫理學」是在學些什麼呢？「倫理學」和「道德學」的意義接近，可以這麼說，「倫」指的是人際關係，例如君臣、父子、夫婦、兄弟、朋友五倫，「倫理」講的是「外在的規範」；道德的「德」在古時候通用於得到、獲得的「得」，對於天理、天道有得於心，所以「道德」指的是「內在的修養」。外在的倫理規範之有意義，是因為立基於內在的修

養；但是要把德行條目成為內在的修養，卻是有賴於從外在行為的規範做起。從這樣的分辨來看，「倫理學」也可以稱為「道德學」，它們研究的主題簡單的說就是，「道德是什麼？」「為什麼我們應該實踐道德？」以及「如何實踐道德？」

我們知道，維繫一個社會於不墜，通常透過三種方式：法律、道德與宗教。法律和道德是人與人之間的契約，法律是有明文規定的有形契約，道德是約定成俗的風俗習慣，它是一種無形的契約，至於宗教則是人與神之間的契約。當法律的權威受到質疑，而道德也失去它的約束力時，人們對宗教就開始熱中起來。就好像我們平常自信滿滿的時候，比較不會想到算命的問題，一旦遭逢事業困難、愛情挫折、婚變、家變等等重大事件時，就特別喜歡去求神問卜、算算命，希望能夠掌握未來。今天臺灣的社會正是如此，法律，老百姓沒有信心，倫理道德，又在「只要我喜歡有什麼不可以」的口號下，價值觀失去了準則，於是大家轉向宗教去尋求心靈的平靜。不巧的是，卻發生宋七力、妙天禪師的詐財疑案，使這個社會顯得更加的紛亂。最近常有學生問我：「老師，達賴喇嘛和宋七力有什麼不同？」達賴喇嘛住的是總統套房，吃的是從西藏空運來臺的冷凍羊肉，他要布道的座椅用上百萬的黃金鑲邊，有人甚至控告說他灌頂一次要一萬塊美金，奇怪這和宋七力有什麼不一樣呢？

宗教信仰通常有四個基本要素，即第一經典教義（例如：西方基督宗教的《聖經》），第二教規儀式（例如：十誡、望彌撒、做禮拜、燒香祭拜、遵守清規教律等等。附帶一提，佛教密宗的「灌頂」儀式，原本是古印度國王登基時，取四方之水，由大象噴灑在他的頭上，以象徵國王將擁有四方之領土與財富，後來佛教密宗據以為修法時，能夠獲得四方之智慧的意思，有點類似基督宗教的受洗），第三傳教教團（例如：天主教的方濟會、耶穌會；基督教的長老會、浸信會；中國佛教團南部的星雲法師、中部聖嚴法師、東部慈濟證嚴法師等等），第四奇蹟神通（例如：耶穌可以行走於水面上，門徒死了三天祂仍可以讓他起死回生；據說釋迦牟尼出生前，天地一片祥和寧靜，飛禽走獸都安靜的聚集在四周，祂的母親頻頻夢見一隻六牙白象，從右腋下進入身體，釋迦牟尼出生後即會走路，每走一步，地上就開出一朵蓮花，並且告訴祂的母親說祂是來傳道的。以前看到這一段記載，

我跑去問我媽媽，生我時有沒有夢見什麼，或出現奇特的現象？我母親想了半天說：「沒有呀，就是醬油吃多了，所以你才這麼黑！」）。若就第一點經典教義來說，我想達賴喇嘛博大精深的藏傳佛教系統，和宋七力的斷簡殘編見解，正邪立即可辨。若就第四點奇蹟神通來講，達賴喇嘛不只一次的強調，他只是一個平凡的僧人，甚至當人們問他，「為什麼要幫別人灌頂？」時，他似乎一臉無奈的說：「別人叫我灌我就灌！」聽眾又問：「人生最高的境界是什麼？」他出人意料幽默的說：「我不知道！」正統宗教是不特別強調神通的，達賴喇嘛說不要輕易以神通炫耀，相較起來，宋七力、妙天禪師對自己法力的信誓旦旦，相信明眼人是可以區分的。人畢竟是人，耶穌是被釘死在十字架上，慢慢流血衰竭而死；釋迦牟尼是在傳道途中吃了有毒的草菇，拉肚子去世。過分強調神通法力的信仰，我們就應該小心上當受騙，但也不應該如此就抹煞了宗教的意義。

　　一般來說，宗教信仰具有四個功能：第一是「祈福」的功能，人生是在追求幸福，但人的力量畢竟有限，透過對宗教戒律的實踐，人希望獲得神明的祝福；第二是「欽崇」的功能，人是有限的存在，神是全知全能的無限存在，人在宗教信仰中表達對大自然神奇力量的欽佩與崇敬；第三是「解釋」的功能，宗教教義提供對人生意義的解釋，例如耶穌說的，人生是來受苦贖罪的，釋迦牟尼說的，人生無常一切皆苦，生老病死苦、愛恨離別苦，人應該斷滅貪、瞋、痴三毒，修持戒、定、慧三學，成就自身的佛性圓滿；第四是「整合」的功能，藉由宗教仁愛慈悲的學習，可以整合人與人之間的怨恨衝突，種族與種族之間的隔閡歧視，甚至整合人、神之間的凡聖差異，幫助我們提升、淨化心靈，超越有限人生的束縛。由此可見，我們應專注於教義的研究與轉化作用，而不是將某個人神化後的盲目崇拜。在這個意義上，宗教信仰是有存在必要的。

　　其次，是有關法律方面。當代是非常重視個人自由的時代，但是，自由的發展是必須在法治的約束下，方能獲得實現，否則每個人無所限制的自由，到最後一定會侵犯到別人的自由，以至於人人失去了自由。因此，法治的存在是為了保障自由，所以說是「必要的」，但它又限制了我們的自由，所以是一種「惡」，因此我們常說法治機構是一種「必要的惡」(necessary evil)。警察大學的學生在法治

的社會裡，扮演一個非常重要的角色，我們是執法者，透過法律，可以維持社會秩序、促進公共利益以及伸張正義。以前法治無法彰顯的時候，我們需要喬峰、郭靖、楊過、張無忌這些英雄人物出來濟弱扶傾、打擊犯罪，現在在座的各位同學，就是未來的喬峰、郭靖、楊過、張無忌，只要民眾一打110，喬峰、郭靖、楊過、張無忌就會出現，你們就是以前武俠世界裡面的英雄人物。（提到110的報案專線，我想起在我高中的時候，有一次爸爸做飯做到一半，突然發現沒有瓦斯了，他叫我趕快打電話去叫一桶瓦斯，那個時候瓦斯是桶裝的，電話號碼就在瓦斯桶上，我看瓦斯桶上寫了一個TEL：119，電話拿起來，我就撥了119，接通後對方傳來非常著急的聲音說：「你那邊是哪裡？」我想奇怪他怎麼那麼緊張的樣子，我慢條斯理的說：「這邊是某某街幾號幾樓，請幫我送一桶瓦斯來！」對方一聽愣了一下就把我電話掛了。）在法治的時代，我們不需要古代那種俠義英雄，我們需要的是依法為治的警察，所以，我認為警政教育中法律知識的加強，是十分必要且重要的。

　　接著，我想談的就是倫理道德的問題。各行各業都有它特殊的倫理道德問題，例如：最近的「基因複製」所引發的家庭倫理問題，如果孩子是母親的複製品，父親可不可以愛上這個複製品，進而與她結婚？基因複製是種無性生殖，它直接促成卵子細胞的分裂，所以英國實驗成功的綿羊是母綿羊，美國複製的猴子是母猴子，這會不會導致將來的世界是個女性的世界？有男同學十分興奮的說：「那很好，男人成為稀有動物就越可貴！」我開玩笑說：「可能沒有那麼樂觀，而是被淘汰！」還有關於「借腹生子」的問題，之所以遲遲無法立法解決，就是對於誰才是親生母親的爭論感到棘手。以上這些我們可以把它歸類到「醫學倫理學」的範圍中去，這是「倫理學」和專業科目的結合。借用哲學的思辨方式，幫助我們釐清科技文明的發展所引發的價值衝突問題，現在已經成為哲學應用的新趨向，我們可以看到「企業倫理學」、「法律倫理學」，以及陳金蓮老師最近正在著手研究的「消防倫理學」等等科目紛紛出現。

　　同樣的，警察所面臨的人倫問題與道德抉擇的兩難更是複雜，所以我們藉由「警政倫理學」的課程，來開拓屬於警政方面所要面臨的倫理問題的研究，警政

倫理的問題早已存在，但將它作為一個研究的學科卻是很新的。我們知道，無法
實現的法律，不要去制訂，警察要遵行的倫理道德如果根本做不到，豈不是流於
一種說教、一種口號，有何意義？並且，一般人有時間可以慢慢去思考一些道德
衝突的問題，但警察所要面臨的情境比平常人複雜許多，開槍或不開槍？做或不
做？這種急迫的決定經常影響深遠，甚至會危害到生命，所以平常就應該好好的
想一想，跟問題有一段距離時，比較能夠冷靜面對。在「警政倫理學」的課程裡，
我想提供學生一種「理性」的訓練，通常我會設計一些道德兩難的論證，讓學生
學習道德原則的推理。例如，討論到「正義」的問題，我會問學生法律是為了實
現正義，但是法律也有無能之處，此時私下的正義是否可行？又如我們知道要孝
順母親，也知道要愛護妻子，但當三人同乘一艘船，船沉了，只能救起一人，你
會救哪一個？孝與愛單獨執行時沒有問題，可是我們面臨的卻常常是孝、愛難以
兩全的困難。就如同大家都知道，公務人員不可以收受足以影響其執法判斷的禮
物或紅包，但是很多時候，道德的堅持是會遭受排擠的，支持我們堅持下去的理
由、信念是什麼？我們如何在被排擠的時候，讓周圍的親人瞭解我們的苦衷，甚
至支持我們的決定？我想道德條目我們不會不知道，冠冕堂皇的話也人人會講，
我們所欠缺的是價值衝突時抉擇上的困難，這和我們的人生信念密切相關，而平
常思辨能力的訓練，是有助於我們釐清這些困惑的。

　　五月九日，行政管理系將舉辦一場「警政倫理學」的研討會，針對上述「正
義」和「紅包」的兩項問題，我們邀請鄭善印老師擔任法律部分的主講人，鄭文
竹老師負責實務方面的分析，我們也邀請到了東吳大學哲學系系主任陳錦鴻教授
（他的研究專長是德國哲學家康德），擔任哲學部分的解說，我們計劃從法律、實
務和哲學三個領域來探討「正義」和「紅包」的問題，這是針對「警政倫理學」
的課程，希望藉由這些老師們的專長來個拋磚引玉之舉，建立一個討論的模式。
在此先誠摯的感謝這幾位老師的鼎力相助，屆時希望大家一起來共襄盛舉。我是
學哲學的，自從我進入學校以來，感謝歷屆校長的重用，與學校各位主任、老師
的支持幫助，讓我有很大的發揮空間，但是「警政倫理學」這樣的課程，窮盡我
一人之力，也無法做得很好，目前只有行管系的陳明傳老師，以他的研究專長幫

忙策劃。所以藉由這個機會，誠懇的邀請對這個課程有興趣的老師們，加入教學研究的行列。

最後，我想對臺灣整個教育做個反省。我認為臺灣的教育一向非常重視目的性，而忽略了過程的重要，亦即，教育的內容與方法經常偏重於升學方面，而忘記了受教的基本目的是學習如何成為一個完整的人。簡單的說，今天大部分臺灣的學生知道如何考試，卻可能不知道如何生活，而懂得如何生活是要經過學習的。大四的學生對人生意義感到茫然，其實這並不是我們警察大學的特殊現象，而是現今年輕一代普遍面臨的困惑。如果我們稍加留意，就會發現年輕人放假時的消遣活動，大都是到 KTV 去唱唱歌，到 PUB 喝喝酒，看一場電影或街上閒逛一陣，缺乏一種生活樂趣的培養，平常好像很忙，真的有空閒時間的時候，卻又不知道要做什麼。有人說，臺灣人很有創意，賣檳榔也可以賣出檳榔西施，其實，從另一個角度來看，這是我們心靈的貧乏，以至於賤賣肉體也能成為流行，清純的少女打扮成像紅燈戶裡的上班女郎，怎麼會有美感可言？在受教育的過程中，我們正是缺乏一種美感的培養，事事以功利為目的。對美的事物的感動，它經常只是一種感動而已，不會讓你因為這個感動而考上大學或升官發財，但是也因為這樣，它就常常被看成是不重要的了。

同樣的，我們教導一個孩子聽話、服從權威，因為循規蹈矩比較容易成功，沒有訓練他選擇德行的意義，卻告訴他德行的好處，以至於一旦發現不必透過德行也能獲得好處時，堅持實踐道德就有點愚蠢了。道德教育包含兩個層面，意即「道德的辨識」和「道德的實踐」，我們應先辨明「什麼應該做」、「什麼不應該做」，然後在日常生活中培養實踐道德的勇氣與毅力。一隻狗通常不會立志成為一條好狗，唯有人才具備實踐道德的意義。我們不應該經常以權威的態度，訓誡學生要服從紀律、聽話行事，而是應該積極發展學生自律的意願，以及訓練他們道德推理的決斷能力，成為一個理性的道德實踐者。

除了美感的追求、道德的實踐外，對真理的探求，也可以豐富、擴展我們的人生觀。大家都瞭解，生活的過程離不開生、老、病、死的循環，最近幾年「生死學」的研究非常的熱門，甚至今年南華管理學院已經成立國內第一所生死學研

究所，從對死亡的研究，有助於我們瞭解該如何的生活。二十世紀初的存在主義哲學家就曾提出，人生存在的實際狀況就是走向死亡，「人是向死的存在」，就像叔本華說的：「人生如拼命的駛舟前進，經歷了無數的風波之危後，卻是準備在死亡的礁石前，全舟粉碎。」對死亡的思索，可以幫助我們領悟出生命的智慧，掌握真實，《西藏生死書》就是在教導我們如何面對死亡。把死亡擺在面前，我們會有時間的緊迫感，而趕快去做想要做的事；面對死亡後的一無所有，也會讓我們學習寬容、慈悲、體諒的美德。我曾聽說有人就在自己的書桌上擺了一個棺材模型或骷髏頭，以便提醒自己，把握當下的生命，活出真實的人生。我是學習波娃，她年輕的時候就立志「絕不虛度此生」，於是我刻了一個「勿負此生」的藏書章，蓋在每一本書上，提醒自己，不要辜負此生。

　　總結以上所談的，我想以真、善、美的「人道信仰」來和「宗教信仰」做個區分。如果我們沒有宗教信仰，人生依然有超越的意義可以追尋，就是學習如何讓自己過得更真實、更完善、更有感動，我稱它為人道信仰的追求。對真、善、美的追求，是一生所要學習的功課。我自己不斷朝這方面努力，我也希望我的學生除了知識的傳遞外，也能體會到，「過程即是目的而非手段」，在這個功利的社會，它可能就是人生意義感的活水源頭。

　　意願並不等於能力，這些粗淺的見解，是我教學的理想，它真正的落實可能有限，這點希望我的學生能夠諒解，因為我也在不斷的學習當中。今天我的演講就到此結束，希望大家不吝批評指教，謝謝大家！

（中央警察大學「國父紀念月會」演講稿，1997 年 4 月 11 日）

📖 推薦讀本

約翰·希克 (John Hick) 著,《宗教哲學》(*PHILOSOPHY OF RELIGION*),錢永祥譯,臺北,三民書局,1991,七版。

▶ 關於有沒有神的論辯、檢證的難題、「惡」存在的問題等等,本書有相當深刻的分析。內文不到兩百頁,卻論證精闢、環環相扣、鮮少贅言,神學教授的大作可非消遣文章隨意翻翻即可。

楊惠南著,《佛教思想發展史論》,臺北,東大圖書公司,2022,三版。

▶ 一如此書之封面介紹所言,從印度到中國,佛教不管在教團、戒律、教義等各方面,都有不同的內容發展,此書縱寫佛教的發展史,橫論佛教的哲學問題,所以是一本佛教史也是一本佛學概論。如果覺得此書很難看完,那麼,時報出版社的「發現之旅」系列第 44《佛陀——照耀眾生的世界之光》(1997,初版),則是一本圖文並茂的好書,只消一杯下午茶的時光,就能達到一點飽讀詩書的成就感。

麥道衛 (Josh McDowell) 著,《鐵證待判》(*EVIDENCE THAT DEMANDS AVERDICT*),韓偉等譯,臺北,更新傳道會,1978 年初版,1994 年第十二次印刷。

▶ 此書宣稱「本世紀最完備、最卓越的基督教護教學論文集」,可見其內容之廣度與深度,舉凡對《聖經》內容、基督教義、耶穌時人時事的諸般疑義,書中均有相當詳細且豐富的資料解釋。不過,對從未讀過《聖經》或不瞭解基督教義究為何物的人來說,倒是建議先看貓頭鷹出版社翻譯的《聖經的故事》(1995,初版),這是一本令人賞心悅目的通俗作品,可以清楚瞭解《聖經》許多膾炙人口的經典故事,讀過之後再看到類似「出埃及記」、「法櫃奇兵」……這類電影時,會更覺趣味無窮。

電影欣賞

薛莉·傑克遜 (Shirley Jackson) 原著,《籤》(*THE LOTTERY*),大英百科錄像系列,臺北,年代影視,片長 28 分。

《愛是永不止息——陳成貴與呂院雅寫真》,福音寫真第二輯,李志偉製作,臺北,浸傳中心發行,1996,片長 41 分。

列斯·梅菲爾德 (Les Mayfield) 導演,《34 街的奇蹟》(*MIRACLE ON 34th STREET*),臺北,嘉通娛樂標緻錄影,1995,片長 114 分。

▶ 第一部電影《籤》是在質疑宗教的神聖性,民智越愚昧,似乎宗教的宰制力量就越大。後面兩部電影則在闡述宗教救贖力量的偉大與奇蹟的創造。

03

第三章　生　死

 **課前研討**

Q：如果你在無意中發現自己只剩下一個月可以活，死日將至，回想這一生，你覺得值得嗎？

　　生死問題，是一個我們不能不猜的謎，勇敢的面對自己的死亡，才能衍生出生存的智慧出來。因為，死亡並非人生命之外的事情，卻反而與生命密切相連，生命的意義與價值如果沒有死亡的陪襯，將無法顯現出它的力量。中國人向來避談死亡，但生死問題卻是十九、二十世紀的熱門話題。一來是宗教信仰在現代科學理性的侵襲下已逐漸腐蝕，人們賴以寄存的基礎頓失依歸，失去了宗教又無能重建心靈的庇護所，人們終將成為徬徨失措、無家可歸的異鄉人，短暫的生命彷彿是一場莫名的漂泊之旅；二是工業文明的蓬勃發展，造成人被機械化、被集體化，人與自身的存在產生疏離感，生命的意義備受質疑，尤其是兩次世界大戰所帶來的天災人禍，使得焦慮不安的氣息到處瀰漫，現代人普遍有及時行樂的想法，常是為了掩飾不知該往何處去的茫然感覺。

　　「存在主義」(Existentialism) 的思想可說是這個時代的特產❶，哲學家們從生命的各個面向揭露存在的悲劇，也從必死的命運尋求自我超越的可能性。由於人

---

❶ 存在主義的哲學家主要有，丹麥的齊克果 (Søren Kierkegaard, 1813～1855)，德國的雅斯培 (Karl Jaspers, 1883～1969)、海德格 (Martin Heidegger, 1889～1976)，法國的馬賽爾 (Gabriel Marcel, 1889～1973)、沙特 (Jean-Paul Sartre, 1905～1980)。此外有許多文學家雖然不像哲學家那樣專文論述，但透過文學的筆觸，也推波助瀾存在主義的思潮。例如，十九世紀俄國大文豪杜斯妥也夫斯基 (Feodor Dostoevsky, 1821～1881)；德國詩人，1964 年諾貝爾文學獎得主赫塞 (Hermann Hesse, 1877～1962)；法國文學家，也曾獲得 1957 年諾貝爾文學獎的卡繆 (Albert Camus, 1913～1960)；英年早逝的捷克作家卡夫卡 (Franz Kafka, 1883～1924) 等。值得一提的是，存在主義的女性學者波娃 (Simone de Beauvoir, 1908～1986)，其重要著作《第二性》(*THE SECOND SEX*)，堪稱為女性主義的經典之作。

隨時隨地都有可能遭逢變故，但卻可能從未真正的活過，所以存在主義的哲學家們喜歡藉由死亡來反襯生命存在的意義，透過死亡的極限性可以逼顯出真實的意願；同時，他們摒棄傳統哲學將事物抽象化、將人客體化的思維方式，代之以對個人情感的細膩描寫，從各種不同的角度去關照人的存在，並且強調直覺的反省態度，把握個體全部的生活經驗，以便從中挖掘經過選擇之後的真正自我。他們認為，經過這番努力，人方能獲得嶄新的尊嚴與價值，成為真實存在的自覺主體。這是一種不預存任何先天、普遍的形式，容許個體創造自己個別的存在方式，藉由存在定義自我的主張。

　　研讀存在主義者的哲學或文學作品，常會為生命乃是不可避免的悲劇形式而感到鬱結，但就如同蝴蝶欲破繭而出必須忍受痛苦掙扎一般，人也必須通過對生存處境的諸種悲劇之瞭解與接受，才可望有超越的可能。因此，釐清人的「存在」、瞭解生命的「悲劇」、尋求「超越」的可能性，可以說是個體提升自覺意識的三部曲。

一、存　在

　　存在主義的「存在」，當然指的是人的存在而言。德國哲學家海德格 (Martin Heidegger, 1889～1976) 說❷，「人之存在」(Dasein) 是一種「在世存有」(Being-in-the-world)，是世界裡的存有，存在於世界之中。這種存在主要有兩種的特點：一是「在世存有」意指人之存在已經涵蓋世界在內，世界不應作為純粹認知的對象，人與世界的關係也不是主客的二元對立狀態，從在世存有的基礎來看，世界已在人之存在的基本結構中，認識世界只是次要的，它是在我們以關注「在世存有」的活動中始轉化出來的認知；二是「在世存有」意味著每一個人都只是芸芸眾生中的「某一」(the One)，我們的生活型態、行為舉止，只是具備大眾性質的代表

---

❷ 參見海德格著，《存在與時間（上）（下）》(*BEING AND TIME*)，王節慶、陳嘉映譯，臺北，久大桂冠聯合出版，1994，再版。

而已，我們遵循著何者可為何者不可為的既定公式生活著而不自知，海氏形容這是人類存在未經反省之前的失落狀態，人一旦思考，意味著將「離人間之秩序」(out of order)，而且思考未必有答案，只是凸顯人存在的價值罷了。

在所有存在物之中，只有人具備有反省其失落處境的能力，沙特說這是做人的悲哀也是人得以超越之處。沙特將「存在」分為「自在的存有」(Being-in-itself) 和「自為的存有」(Being-for-itself)❸：前者指的是事物本身存在固有的特徵，不多不少、正好與其自身相符合的存在型態，這一部分為人類、動物、植物和礦物所共有；例如桌子之為桌子，它是被動的、無動於衷的存在，它不會去分析、辨別、探索其存在的理由。後者則是生動的、活潑的、意識的存在，只有人才擁有，所以人的存在絕不會剛好符合其自身，因為意識之為意識，在於其領域的無限廣闊與不斷的超越性，除非人剪斷意識的活動、自限於只是自在的存在，否則意識的不斷伸展、超越自己的活動，就是人存在的特色。

沙特分析指出，人因其意識的活動，使人覺察到存在的失落狀態，在日常的交際往來中，突然意識到當下的行動者不是自己，「我不是我」。例如一個正在逢迎拍馬屁的人突然意識到自己行為的卑劣般，或者當我們口沫橫飛的辱罵某人的當下，發覺那人也是自己時，人的不安、焦慮、鄙夷、虛無感由此而生。沙特認為，這是人存在的特色，也是人存在的尊嚴所在，否則人就只是一個東西，無法超越其存在的處境，但人也必須同時承受內心之煎熬以為代價。丹麥哲學家齊克果 (Søren Kierkegaard, 1813～1855) 曾提出類似的分析：「我在」(I am)，是一種咄咄逼人的事實，它不是輕描淡寫的概念，也很難以言語一語道盡，就在我們面對生活「或此或彼」(either-or) 的痛苦抉擇中，我們遭逢自我的存在。

---

❸　參見沙特著，《存在與虛無（上）（下）》(*BEING AND NOTHINGNESS*)，陳宣良等譯，臺北，久大桂冠聯合出版，1994，再版。

二、悲　劇

「我在」不是一項思考的客體，而是活生生的實踐主體，沒有「我在」的事實，一切概念都將失去其意義。然而「我在」雖是個別的，卻面臨共同的悲劇處境。依照存在主義哲學家們的分析，主要可歸納成三點：被拋擲性、疏離感、向死的存在。

1.被拋擲性

人是無從選擇的「被拋擲」到這個世界上來，為什麼是這個國度、這個社會、這個家庭？始終是無法解開的生命之謎。自從有了存在，個體在與他人的「對立」中發現自己不是單獨的存在，也不是如萊布尼茲 (Gottfried Wilhelm Leibniz, 1646～1716) 所比擬的「單子論」般，人與人之間是無窗戶且不互相作用與影響的。人從對立中發現存在的事實，於是企圖化解對立，尋求生命的相互扶持，可是，正如貝克特在《等待果陀》一書中所說的：「人不能單獨承受生命……！不幸的是，我們需要感情的時間和我們的朋友需要感情的時間很少能夠配合。」卡夫卡在〈蛻變〉一文中，也闡述了這種無奈的挫折感：「推銷員薩摩札一天早晨醒來，發現自己變成了一條大蟲，由於無法使用一般語言的溝通作用，以及他突兀的動物軀殼，使得他與外界產生隔閡，更無法與原本親密的家人聯繫，最後終於在孤獨無援與自我放棄的情況下死去。」人類生命需要共鳴的程度，往往與實際狀況難成比例，而唯一作為有效溝通媒介的語言文字，又往往未能盡傳本意。這正是存在主義對人類處境所描述的「割裂狀態」：人莫名其妙的被丟進一個注定要孤獨的與眾人一起存在的世界。

被拋擲性更深刻的描述是，沒有一種所謂人在出生之際就已經共同擁有的本質，我們實際擁有的存在處境是，所有的人都是被拋擲到這個世界中來，在被拋擲之際都尚未自我定義，所以是先有了存在，通過意識的活動，才找到自我，所以「存在先於本質」。而在自我定義的過程中，每一次的反省思考，都有如「出

賣」某種情感般令人感到尷尬，有時更危害到狀甚篤定的日常生活，焦慮、恐懼、不安、虛無的情緒時時浮現。由此可見，每一個個體都是特殊、獨立的存在，在與他人共同生活的過程中，人與人之間的割裂狀態，使我們意識到，填補寂寞最好的方式是麻痺自我的知覺，但是忍受被遺棄，卻可能帶來更大的勝利❹。

2.疏離感

疏離感 (alienation) 意味著一種存在狀態中最嚴重的割裂經驗，這在資本主義之下的社會尤其明顯，可從四個層面來看：

⑴與工作成果的疏離

工作者把自己的精力貢獻在工作的成果上，原本生命的意義從中體會，但在資本主義一切商品化的運作下，成果已非工作者所擁有，他無權決定做不做或如何行銷，甚至成果一進入市場幾乎已失去原有的面貌。工作者不但無法掌握他辛勤的工作成果，即使他自身也可能被當作商品來評估，個人存在的重要與否取決於他的社會地位或工作價值，任何人只要失去利用價值，可以立即被取代，人因此失落了其自身存在的特殊意義。

⑵與自己的疏離

當工作被機械化，成為了無生趣的例行公事時，體力變成一種工具，在龐大的技術組織之下，上班族每天重複著單調、機械的動作，人的自尊、個性、創造

---

❹ 當代政治哲學家漢娜‧鄂蘭 (Hannah Arendt, 1906～1975)，曾就「孤獨」(solitude) 和「寂寞」(lonely) 二詞所表達的不同情境，做過精闢的分析。她指出，「孤獨」傾向於是人自己內在自我的經驗，指涉單獨之自我的存在感受；而「寂寞」則是指人群之中人與人之間普遍的感覺，一種苦悶的經驗。她說：「『寂寞』之所以讓人難以忍受，是因為它使人喪失了自我；人在『孤獨』的處境中，才體認到自我；但是，人必須在同其他人互信互賴的接觸、聯繫當中，才能肯定這個自我的存在。」(*THE ORIGINS OF TOTALITARIANISM*, Harcourt, Brace & Co., New York, 1951, p. 447) 引申其意即是，孤獨讓我們體驗到自我的存在，但藉由消除寂寞，自我才獲得肯定；人要能懂得獨處之樂，又能在眾人之中從容自在，是可以孤獨又不寂寞。

力被剝奪。為了排遣生活的苦悶不適，大部分的人追隨風尚隨波逐流：節日慶祝跟著狂歡、流行服飾跟著採購、健美瘦身跟著起舞……。很多人在攬鏡自賞時，對自己要不是陌生驚異就是永遠覺得不滿意，自憐、自卑、自棄、無意義感，成為現代人在每天盲目的奔忙中，普遍的情緒反應。

⑶與他人的疏離

相互競爭、優勝劣敗，是資本主義的座右銘，「創造自己可被利用的價值」，標示出現代一場場赤裸裸的生活戰爭，人與人之間更顯孤立、彼此仇視、懷疑、防範他人。他人原是自我認同過程中不可缺少的部分，透過與他人的協作，我們從中確立自我的身分，如今與他人形同寇讎，人人似乎居心叵測，失去與他人親密共處的聯繫。

⑷與世界的疏離

透過對上述三種疏離情境的體悟，人若從世界抽身而退，反而被視為不正常的非人存在，若入世媚俗，又感到沮喪與無意義。人不是人，又要在一個沒有意義的世界中生存，對一切都感到很無聊、很荒謬、很疏離，卻又要如此日復一日的生活下去。

卡繆的《異鄉人》一書對於這種疏離情境，有相當精采、深刻的描寫。書中主角莫梭對亡母喪禮的冷漠、對人生的乏味，和莫名其妙的槍殺一個阿拉伯人後遭受審判時的旁觀心態，露骨的描述出存在的疏離狀態：與自己、與他人、與世界的疏離，人雖存在於世，卻活像個異鄉人。卡繆藉由存在的「雙層荒謬」以訴說這種疏離感：第一層荒謬意指人生在世的無意義感，猶如遭受諸神懲罰的薛西弗斯 (Sisyphus) 般，在地獄裡晝夜不休的推動巨石上山，但每當快到山巔時巨石就滾落下來，人生就如薛西弗斯所遭受的這種苦刑，徒勞無功且毫無指望的備受折磨；第二層荒謬是指既然人生如此無意義，很多人卻誤認為有意義，而煞有介事的行禮如儀、遵守規範。卡繆以第一層荒謬去揭露第二層的荒謬，讓人們強烈的感受到人生全面性的疏離之感；而主角莫梭臨刑前在獄中對神父以上帝之名來保證人生之永恆的三次質疑，恰如《聖經》中耶穌之三次拒絕撒旦的誘惑般，發人深思。其實揭示荒謬，在某種意義上，也是期望擺脫媚俗、追求真實。

3.向死的存在

　　希臘悲劇詩人歐里比得斯 (Euripides, 480 or 485～406 B.C.) 曾說：「誰能知道生命不是死亡，而所謂的死亡就是生命？」早在人類思想發展之初，生命與死亡的問題即已緊繫思維的線索，生命不但短暫脆弱，走完一生又是備嘗艱辛，而死後世界的一無所知，頓顯生命的虛無不實。海德格說人是「向死的存在」，我們隨時都有可能死亡，沒有人能代替我們自身的死亡，而死亡又是天天可見到的訊息，它是世界上一個公開的事件，時間的滴答流轉，正意味著死神在我們周遭徘徊漫步的威脅聲音，活著就是在走向死亡。

　　對「人人必死」的認知，常伴隨著坐臥不安的焦慮，擁有許多又似乎一無所有，一如歌德準確的描述：「人類的虛無有兩種，一種是得不到任何的虛無，另一種則是得到一切的虛無。」為了克服虛無感，人競逐於欲望的滿足，初步的欲望實現後，新的欲望又重新點燃，終人之一生，總是在無限的欲海中浮浮沉沉，勞碌於滿足欲望的奔忙之中，卻始終無法獲得充實飽滿的感覺。雅斯培 (Karl Jaspers, 1883～1969) 形容說這是因為「當覺知超過主要欲望的滿足時，悲劇就會發生」，人生的苦惱多如過江之鯽，覺知的發達，反而體現存在之悲劇形式的無可避免。當然體驗虛無有另一項積極的意義是，我們可以從中獲得解放，未來的任何可能性會因而開展出來，開放自主的選擇各種生活方式，成為人自由不受局限的指標，即是所謂的「置之死地而後生」吧！由於虛無，所以沒有迫使我們一定要做什麼的力量存在，所以我們是自由的，但也因為虛無，使我們在發現自己之前已先失落了自己，未來是不確定的，擁有的也可能是不真實的。

三、超　越

　　存在主義的哲學家們毫不留情的揭露人生卑劣晦澀的一面，因此曾被指責為導致生命無望的「虛無主義」、「無為主義」。然而，人類存在的悲劇面貌，並非因為存在主義的揭發而益形悲慘，相反的，他們的過度強調，多半有喚醒世人認真思考生命意義的苦心。羅馬神話裡曾記載憂慮女神有天在渡過一條河流時，用黏

土捏了人像，並請朱比特注入靈魂，所以人是這樣的受造物：有大地的軀體、朱比特的精神，以及憂慮女神在造人時，一起揉入人之本性中，莫名所以的憂愁感傷、不可理喻的焦慮懷疑，和無止盡的恐懼折磨。很多人拒絕承受生命的苦難實景，而以海市蜃樓的美麗幻象，催眠我們的神經，但存在主義者則主張，不可自欺欺人、漠視悲劇的存在，雅斯培即表示過：存在的悲劇經驗，是人在學習過程中不可缺少的一環，如果要令我們反對悲劇的實有性，除非擁有一生如意的命運；反之，如果願意正式面對悲劇的實有性，其實，另一個不是悲劇的東西已向我們積極展現。接受存在悲劇的必然性，並非意味著將對人生一切感到絕望，因為，如此一來，人生只是無法掙開痛苦枷鎖的牢籠；但若漠然視之，對痛苦表現一副無動於衷的沉著，則生命又將是一場無意義的由生到死的自然生滅過程罷了。所以，瞭解悲劇、承擔痛苦，就是一種勇氣，一種存在的勝利，它可以豐富我們的生命。海德格說：「正由於對人生有此怖慄，乃展露一真實人生的可能。」

　　海德格認為，人之存在有其主動的超越性質。所謂的「超越性」，乃是人在其存有的活動過程中，在自覺自我存在的同時，亦投射出一遠景於眼前；亦即，自我的存在是不斷奔向另一種存在的方式，這種方式的本質就是超越當前，把尚未實現的諸種可能性具體實現出來，再在現實存在狀況的把握中，投向另一個可能實現的存在。人思慮自我的存在（在此遭遇悲劇意識的挫折），如接受存在的諸般事實，即已顯現超越此一事實之可能性，如同我們必須面對死亡，接受死亡乃一人生全程之必然結局，如此一來，把握當前存在的有限性，而努力在有限的範圍中尋找實現的可能，既能包容局限，也不至於被漫無目的的欲海所吞沒。並且在自我超越的過程中，我們才能體會真實，肯定存在並非是一場荒謬的演出。

　　如再以沙特的分析來看，人生超越的意義則是勇敢的說「不」。人因害怕孤獨，以至於不敢去追求自己真正想要的東西，特立獨行遭致的非議並非人人承受得起，所以，與眾不同需要過人的勇氣作後盾，委身於群眾之中反而是安全的；亦即，放任自己隨波逐流、冷漠的生活，或就沙特的分析，將自己「物化」（reification。一如女孩被男孩握著手時，既不好拒絕又不便表示同意，於是顧左右而言他，暫時忘記手的存在般），不具知覺，假裝我們與物無異，可以避免思考

所伴隨而至的痛苦折磨。但是，沙特認為，人存在的尊嚴，就是擁有說不的自由，這種自由雖然在性質上是否定的，但只要意識產生活動，這種否定性就能展現無限的創造性與超越性，除非斷絕意識，否則，意識活動總會蠢蠢欲動，超越於現況的可能性就會躍現於眼前。

　　根據以上之分析，存在主義者普遍重視個人獨特的生活經驗，強調人必須獨立思考、自主的生活。尼采有句名言說：「你必須獨自一個人通過生命的河流，沒有人會替你建築橋梁，唯有你，沒有別人。」尼采為了更進一步凸顯人的存在地位，他甚至藉著宣布「神已經死亡」❺的可怕消息，企圖使人脫離他所謂幻象式的安全──神的庇佑──中，堅強的站立出來，以肩負起個人應當擔任的角色與責任。叔本華 (Arthur Schopenhauer, 1788～1860) 也指出：「上帝存在與否不是真正的問題，人所需要的是真正發現到他自己，並且瞭解沒有東西可以從他本身中拯救他。」唯有我們自己可以自我實現真實的存在，但也唯有我們自己可放棄此一實現的可能而過著不真實的存在，這個獨立的選擇權乃是操之在己，無人可以剝奪，也無人可以代勞的。

　　相信在日常生活中，我們經常會面臨許多的困境，這是存在主義者所強調的悲劇情態，想要突破困境，絕不是竭力淡忘就能克服，勇敢的面對、冷靜的分析、尋求超越的可能，是哲學家的樂觀期許。反省思考自身的存在意義，有時的確如同游入汪洋苦海，有些人淺嘗苦澀立即落荒而逃，有些人則陷溺其中無法自拔。經常就可聽到有人以自殺的方式，結束生活中的挫折，我們必須責備這種軟弱的行為，因為他沒有承擔存在自身即是悲劇的勇氣與智慧；面對這一類人，雖然我們無法分憂代勞，但卻可以適時的給他加油打氣，說不定，他的自殺意圖只是求

---

❺ 尼采在 1883 年發表他的經典之作 《查拉圖斯特拉如是說》（*ALSO SPRACH ZARATHUSTRA*，余鴻榮譯，臺北，志文出版社，1993，再版）一書，藉由書中主角，亦即離開隱居生活下山的青年查拉圖斯特拉之口宣布：所有的神都死了，人們應該把船隻駛入不知名的大海，展開冒險的生活，生活應該是一種天天都處於戰爭的狀態，為成就超人道德，要一往直前，毫無畏懼。

救的訊號，因為無人搭理，終於弄假成真。我們真正期待的是，如浴火鳳凰般，終能游離苦海的瀟灑解脫。

　　舉凡升學的壓力、情感的困擾、事業的瓶頸……都會使我們薄弱的意志失去抵抗的能力，所以，「堅韌就是勝利」的意義在此，我們除了加強自己對悲劇的免疫力外，對於無力承擔悲劇的人，也不要吝於伸出援手，給予鼓勵、關懷。叔本華就曾頹喪的表示：「對人生之恰當評價是，人本就是一個不應存在的受造物，所以正用各式各樣的痛苦以及死亡為其存在贖罪。」所以，依照沙特所言，「勇敢的說不」、「避免被物化」，並且不斷的「尋找生活的感動」，用幸福感征服悲劇的挫折。所謂的幸福感，以亞里斯多德的看法可以分為三種層次：一為「吃喝玩樂」(pleasure) 的快樂，缺點是會被物質所控制，容易上癮，受役於物；二是「追求榮譽」(honour)，不過必須依賴別人的掌聲，是受制於人；三是「愛慕智慧」(contemplation)，沉思冥想增長智慧，對人間世事洞察機微，又能悲天憫人、寬恕超越，這種瀟灑自在的胸襟，無人能予以剝奪，理性自得自賞、自給自足，是亞氏心目中最理想的幸福人生之指標。

　　懂得如何超越困境追求幸福，也要能懂得如何克服人生最後面對死亡的恐懼，亦即懂得如何生也要懂得如何死，才能劃下令人滿意的句點。現代人除了努力提升生活的品質，也開始正視死亡的品質，要活得有尊嚴也要死得有尊嚴。但是，願望並不等於能力，所以，必須對於死亡有所準備。這包括：一是「預立遺囑」，避免身後有交代不清的遺憾或紛爭；二是「瞭解病程」，不同的疾病或意外猝死，都有不同的死亡過程，醫學知識有助於掌控狀況降低驚慌；三是「選擇儀式」，無宗教信仰或基督教、道教、佛教……各有不同的安葬儀式，除了表達個人的意願外，儀式對於生者同樣重要，可以啟發對生命意義的探索，也能表達慎終追遠的哀悼之情。生離不開死，死亦啟示生之意義，要過一個幸福的人生，「生死學」正是一門人人必修的課程。

 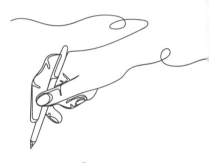

附錄一

柏格曼的《第七封印》

在哲學的課程中,安排學生探討死亡的問題是有其必要的。因為,人在求生的歷程中是在同時邁向死亡,「人人必死」的鐵律,應被認真面對,盡早納入生涯規畫中的一部分,甚至應該預留遺囑,讓人生有完滿的句點。

瑞典名導演柏格曼 (Ingman Bergman, 1918～2007) 的電影《第七封印》(*THE SEVENTH SEAL*,臺北,眼福視聽企業有限公司,1956,片長 97 分),是探討死亡問題的經典作品之一 (另一名作,黑澤明導演 〔くろさわ あきら, 1910～1998〕,《生之欲》,臺北,眼福視聽企業有限公司,1952,片長 160 分)。電影一開始,死神就展示出,祂如影隨形、亦步亦趨、伴隨左右的壓迫感,聰明如騎士、平凡的販夫走卒,或江湖賣藝,都無一人可得倖免,而宗教可以給予我們什麼保證?《第七封印》是取材自《新約聖經》最後一章〈啟示錄〉上的記載:每一揭開生命冊上七個封印中之一印時,世界就會產生巨大的災難,至最後即第七個封印被揭開後,世界就要滅亡,末日來臨,屆時凡相信耶穌基督的人,都將從死裡復活獲得永生。

誠如電影中騎士與死神的一段精采對白所示:

騎士:「我要的是認識,而非信仰。我要上帝把手伸向我,顯示祂自己,並且對我說話。」

死神：「但祂總是沉默不語。」

騎士：「我在黑暗中向祂呼求，但卻無人回答。」

死神：「或許那裡空無一物。」

騎士：「那麼生活將是一種恐怖，若一切皆屬空無，就沒有人能夠面對死亡了。」

的確，我們無法確認上帝、阿拉、佛祖或任何宗教上的創造者，我們只能說服自己相信祂可能存在，而如果死亡的真相就是一切的結束，是完全的滅絕，那麼此生在塵世中的翻滾豈不荒謬？死亡是完全的消失與空無，豈不恐怖？

十九、二十世紀的哲學主流之一──存在主義的哲學家們即曾深刻的描繪出人之存在的三種悲劇情態：

⑴人是無從選擇的被「拋擲」到這個世界上來；

⑵人的存在始終充滿著「孤獨」、「焦慮」、「恐懼」與「疏離」；

⑶人是「向死的存在」。

人若從求生存的觀點去看生命的歷程，顯然只能掌握人生的片面，而且很容易變得汲汲營營、競逐名利；相反的，如果只從死亡的角度來看人生，則又顯得悲觀失意、了無生趣。正視死亡的問題，是為了克服對死亡的無知之恐懼；提早認真面對死亡，可以用來評估自己的勇氣、建立人生的意義，從而培養一種心平氣和、高貴從容的態度，準備隨時接受死神的召喚。死亡可以是一種難以言喻的恐怖，也可以是另一種光明的來臨；死亡可看做是自然世界的循環過程，也可看做是某種生命意義的轉化。總之，不論從有神論者的觀點或從無神主義的立場出發，學習接受死亡的態度，有助於個人嚴肅的面對自己短暫的一生。就在身體因年齡的不斷成長而逐漸衰弱腐敗的負面過程裡，個人若能從中建立起智慧逐步成長的正面意義，使自己在人生的最後階段，雖是行將枯槁的軀殼也能擁有最高貴的尊嚴，最圓融自足的智慧，這種境界豈不是生命意義的最佳展示？若也能因此進一步地幫助周遭親友在面對死亡時，照顧、愛護、支持他們走完最後的旅程，讓臨終之時，沒有遺憾，不會驚慌失措，這樣生命才會有其自身的尊嚴。

（原載《中警半月刊》第六一一期，1993 年 11 月 16 日）

附錄二

《完全自殺手冊》會殺人？

　　今年 (1995) 三月初，某出版公司甫推出一本翻譯自日本的《完全自殺手冊》之後，在臺灣引起了軒然大波，論者大致持兩種意見：一種主張依照我國憲法第十一條的規定「人民有言論、講學、著作及出版之自由」，所以不應干涉該書之出版，何況一個人想自殺，是他自身發生了問題，干書底事？另外一種意見則指出，出版界不應以自由之名破壞了自由的意義，業者不但應自我設限，更應拿出道德良知，出版教化人心的優良書刊，他們甚至更進一步的呼籲政府查禁該書，以免有教導自殺的不良後果出現。也不知是此書對各種自殺方式鉅細靡遺的詳加介紹確實提供給自殺者方便的手段，還是正巧遇上了北半球的自殺旺季（據稱是四到六月），從三月底以來，臺灣的確發生不少自殺事件，而且自殺的手段大多是採用該書所指稱的：可以迅速死亡、較無痛苦、較不可能被救活，可以一舉成功不會拖泥帶水，甚至死得比較好看的「完全」(perfection) 方式。幾位自殺者若不是在身旁置放該手冊，就是死的方式正好是死者在該書摺頁、標記的地方所提示的方法，也有人在遺書中特別推崇該手冊說是如獲至寶，甚至報載有位屢經多次自殺不成的女士，依照該書所指示的方法後，終於如願以償。

　　隨著死者家屬的抗議、學者的熱烈討論、新聞媒體的推波助瀾，《完全自殺手冊》非但未被查禁，一系列以「完全」為名的手冊反而紛紛出籠：《完全復仇手

冊》、《完全失蹤手冊》、《完全作弊手冊》……這些書籍大部分在強調一般社會規範以外的宣洩方式。通常我們習慣勸人行善，鼓勵人們與挫折搏鬥勇敢活下去，對於無力討回公道的不義行為則安慰對方耐心等待上天的公斷。然而，這類書籍卻大膽的將大部分人們所認為的「負面」意義，公然出書以倡導它們的可行性。例如，如果生命已無任何讓我們欣悅期待的未來，自主的邁向死亡為何不是已經乾涸之精神的合理選擇？如果道德、法律、公義都不足以懲治一個人的惡行，宗教又是一種阿Q式的自我安慰，個人的復仇行動為何不可以是痛快淋漓的手段？又如果對自己的生命形式十分的不滿，為何不能讓自己「完全失蹤」，然後再重新來過？一個開放的社會勢必也會充斥著多元意見，有時這就在考驗社會本身的包容能力，保守衛道之士通常很難適應道德掛帥以外的「靡靡之音」，充滿不確定感的青年學子有時也會為追求某種美感形式而輕率的嘗試死亡滋味，或只為滿足逞英雄之虛榮就公然挑釁法治。於是，在善意的理由常使手段合理化的情形下，這些被指責為「不正當」的書被禁了，出版商被起訴了，然而，如果我們不健忘的話，在這些書尚未出版的去年，不照樣也是自殺事件頻傳，而且也大多是正值青春年華的青年男女？例如，去年四月一日愚人節當天臺大法研所李姓研究生，在考上律師特考之後竟在女生宿舍上吊自殺；四月六日東吳會計系陳姓學生從福和橋躍下溺斃；四月十二日中興法商公行系何姓學生從住處跳樓身亡；四月十七日清大材料研究所方姓學生也從宿舍跳樓送醫不治；五月初更發生震驚社會的北一女兩位女學生的自殺事件……。書本如果有罪，任何可被懷疑為導火線的人、事、物都應全部接受譴責，顯然問題並非如此單純。我們都知道身體不舒服要趕快去找醫生診斷病源，心裡病了卻反而編派了許多莫名其妙的理由來搪塞，今天這些花樣年華的青年男女，何以想死的念頭如此輕易的就被牽動？如果不是內心有難以解開的徬徨挫折，一本書或一句話哪有那麼大的魔力就可以致人於死地呢？

　　猶記得去年張老師月刊社出版了一本《前世今生》，也同樣的造成轟動，在短短的一年間竟然銷售達三十萬冊，隨後乘勝追擊馬上推出續集《生命輪迴》，以作者是耶魯大學醫學博士的權威頭銜，談論靈魂不死，強調吾人可以透過催眠的方式，回溯前世的創傷以醫療今世難治的宿疾。很顯然的，輪迴轉世這些老掉牙的

話題不但再度被炒熱起來，並且也在電視媒體中颳起一陣催眠秀的歪風。一位畢業於臺大醫學系的作家索性寫了一本《前世今生的謎與惑》與它互別苗頭，書中提出許多關於「輪迴」之說的各種疑點，對於沒有確切證據的論述也加以批判。催眠後的前世回憶，甚至死後靈魂仍然存在的說法，這在西方世界仍僅只是一種尚在研究求證的階段，獲得 1956 年諾貝爾醫學獎的美國科學家 Francis Crick 就曾大膽的提出相反意見，他認為：各種文明都依照傳統傾向接受靈魂之說，但人除了有一個可以製造影像、感覺、思想、意識的大腦機器之外，並沒有獨立的意識或靈魂存在。Crick 進一步的論證不是本文之重點，我們訝異的是，這些仍有爭議的論題，一登陸臺灣何以立即造成驚人的效果？一如《完全自殺手冊》一般？所以，我們是否可以試著去推想，這裡面其實都呈現出一個共同的主題，也是亙古以來人類一直無法解決的老問題：「活著也是在走向死亡，那麼生命的意義究竟是什麼？」由於我們的社會避諱談論死亡，也沒有在我們年輕的時候鼓勵我們認真去思索這個問題，我們只是一味的追求文憑、追求功成名就，生活中豐富的歷程未曾被細細品味，通通變成為實現冠冕堂皇之目的的手段，目的才是最重要的，但就在達到目的的時候，人們的徬徨不安也開始顯現，沒有目的似乎就失去了生活的目標。因為我們習慣為目的而活，讀書習藝、關懷問候、探視送禮，都可為往後升官發財的目的搭橋鋪路，對無所為而為的真誠對待，反而有時會令人驚懼不已。這種習慣以目的來衡量手段，甚至決定交情深淺的生活方式，在意識到死亡的威脅時，一切終將歸於虛無的恐怖焦慮，自然而然的就會逼使每一個人去面對這麼一個既重要卻也常被忽視的問題：「生命的目的究竟是什麼？」

人們從《前世今生》中讀到「生命的目的是為了學習寬容、淨化心靈」的答案，其實這在東西方兩大宗教體系中早已闡述甚明。西方的基督宗教經典《聖經‧舊約》開頭第一章〈創世記〉說的是「宇宙的創造、人類的起源、罪惡和人世苦難的開始」，《新約》最後一章〈啟示錄〉則「描寫世界末日的到來，上帝徹底的擊敗一切仇敵，並獎賞袖忠心的子民，完成拯救大業」，這之中能夠在世界末日時，跟隨上帝安居天堂而不會被丟入火湖永不復活的「選民」，就是一些「行義之人」，能寬大包容、愛人如己、樂善好施的「義人」。東方以佛教為主的信仰體系

也強調慈悲為懷，重視開悟成道，解脫輪迴之苦的道理。傳統宗教信仰對於生命之目的的解惑效力，曾經風光了好幾個世紀，今天這些教義卻被視為是保守落伍而逐漸被漠視。但將它們以現代語言的表達方式加以演繹，舊酒換裝新瓶，改以科學上催眠治療學的理性口吻，或模仿類似日本奧姆真理教教主的神祕權威，闡述古老的人生哲理，顯而易見的，這些方式的確都成功的產生令人意想不到的效果，特別是那些熱中追求人間權勢、名利，卻又感到迷茫無措的世人，他們以追求時尚的心理對這些能暫時解惑的理論趨之若鶩，猶如即將溺斃的可憐人抓住一把漂浮的蘆葦般，以為得救有望似的雀躍不已。但從另一方面來看，如果生命果真有輪迴，而邁向死亡是存在的必定模式，那麼人橫豎都要死，對於今生的諸多不滿何需費力改善，不如就像小學生學寫字一樣，字寫歪了、寫醜了，把它用橡皮擦擦掉再重新寫過；書沒念好、談戀愛也處處碰壁，日子樣樣不如意，不如提早結束，期待來生從頭再來，於是《完全自殺手冊》成了方便手段。當然也有很多人是不相信有前世也不相信有來生的，女性主義的先驅波娃在她的傳記中就曾明白的表示，雖然她從小就接觸天主教的教義，但她早就覺悟上帝是不存在的，死亡不是要邁向另一個來生，而是自身存在的末日，所以她早就立定志向：「絕不虛度此生！」波娃多彩多姿的一生，的確證實了她把握此生的豪情壯志。

　　有沒有前世來生，似乎還不是現今科學或理性所能解決的問題。目前科學所能掌握的也只是透過人工試管受精的方式，嘗試到一點創造生命力量的得意滋味，但是試管嬰兒還是得在母親的子宮中孕育成長，人類對生命的奧祕仍然還是在摸索的階段；至於對死亡的研究，也僅僅瞭解瀕死經驗而已，科學家針對死而復生的人做過統計研究顯示，他們大致都有類似如下的死亡過程：先是聽到嗡嗡的聲響，眼前一片昏暗，隨後看見自己漂浮在半空中俯視自己的肉體，之後不自主的被遠遠的一道光芒吸引而去，死去的親友就聚集在光芒的四周歡迎自己的到來，這時自己會將此生所行所為全盤托出，然後跟隨著大家走到一道深淵之前。能夠轉述此一死亡經驗的人，大多是沒有跨過那道深淵的人，深淵之後是個什麼樣的世界，至今仍是尚待解開的千古謎題，縱使有人以精密的科學儀器發現剛斷氣的死者，不但體重減輕，而且頭頂上有「白煙」升起，但仍無法說明死後的世界究

竟是如何。存在意義首要面對的的確就是「生死大事」，但對於前世來生之說，可能以宗教信仰的方式去面對它，才是比較正確的方式，既是宗教信仰，理性何需過度辯解？科學對於宇宙人生的奧祕當然不會放棄其開拓的空間，而我人的理性應該專注而且也較有可能把握的，不正是我們目前可以清清楚楚面對的此生嗎？

　　哲學家沙特是一個無神論的存在主義者，他不承認有神，也不承認任何先天的自我本質或價值秩序，是人自己創造了自己的自我、自己的本質。人對自己的生命形式要自己負責，要真誠的面對僅有的一次人生機會，通過自己的抉擇，過一個自己想過的人生。不過沙特的理論也引發了一種負面效應，意即「虛無主義」(Nihilism) 的盛行，既然沒有前世來生，沒有因果報應，任何存有終必都要消失於空無之中，所謂的人生價值只是一片虛構的空洞目標，那麼短暫的存在究竟意義何在？前面已提到，很多人可能從宗教信仰中找到安身立命之處，他們學習基督的愛人如己、佛教的慈悲為懷，或從類似《前世今生》的書籍中領悟學習寬容以超越輪迴的盼望，但仍有不少人他沒有宗教信仰，也找不到自己此生存在的理由，更不像哲學家樂觀的去塑造自己的本質。已故作家王尚義在《野鴿子的黃昏》一書中就曾提到：「生命是無休止的翻騰與折磨，在生死之間打轉，在期待與幻滅間周旋。」如果自己的存在與否並沒有太大的意義，生活又是苦痛多於歡樂，自殺似乎就成為解脫的最佳選擇。《完全自殺手冊》的作者就認為，想死就要好好的死，所以他提供各種死的方式，分析它們的利弊得失。禁止此書出版是沒有多大意義的，幫助一個想死的人找到他活下去的理由，才是一個治本之方；若從更寬廣的角度來看，追尋人生的意義感，是今日富裕的臺灣社會，甚至整個以科技文明為主流的現代世界急需面對的一個重要的課題。因為在宗教信仰無能為力的時候，人生意義感的建立，是挽救虛無空洞的絕望，提升生命層次的一個值得認真考慮的方式。

　　對於人生意義感的建立，必須在我們年輕的時候就認真去面對，否則當醒悟到歲月逼人時，時間已所剩無幾，何況無所確立的生活方式，就像斷了線的珠子般，這邊撿撿那邊撿撿，到頭來總串不成一條像樣的鍊子來。一九四六年諾貝爾文學獎得主赫曼‧赫塞說過一句頗叫人深省的話：「生命究竟有沒有意義並非我的

責任，但是怎樣安排此生卻是我的責任。」有的人傾注一生去追求權勢名位、榮華富貴，有的人卻願意閒雲野鶴般的逍遙一生，我們不能苛責追求功成名就的人都是庸俗之輩，也不能藐視自在過活的人就是一事無成的失敗者；重要的是，你是不是在過一個你願意過的生活？你是不是在每一個過程中都用心真誠的面對自己？你是不是傾注全力的活在當下？為此生負責其實是一個相當主觀的個別體驗，而且家人的期盼、社會的壓力、日常生活中瑣瑣碎碎的事情，都會模糊了我們真實的意願，也常常硬生生的扭曲了我們的原始期盼。事實上，遭遇衝突或挫折有時是澄清我們真正願望的契機，如果我們以自殺的方式去對抗這些違逆我心的一切事件，那不就失去考驗自己、創造自我的機會？

很多人從小就被灌輸一種觀念：「成功的人生就是實現一種遠大的理想。」我們很少想到，認真負責的度過每一天，也可以是一種成功的人生。為避免輕生的念頭時時閃現在易碎的年輕心靈中，我們實在應教導我們的孩子，仔細去品嚐生活過程的樂趣，而不要處處預設任何目的才去決定行為處世的方式。例如，讀書的時候就體會讀書本身的樂趣，不要一心就是為了文憑；彈鋼琴、拉提琴、學繪畫，可以讓我們接觸音樂的美感，瞭解藝術的精神，讓我們浸淫在聆聽與欣賞的愉悅中，至於成不成藝術家，有時需要靠點機緣，那就不是我們所能完全把握的；尤其是與人交往，太多的謀略、算計以致失其真誠，就很難體會當年孔子對曾點之志的同道之趣：「莫春者，春服既成，冠者五六人，童子六七人，浴乎沂，風乎舞雩，詠而歸。」（《論語·先進篇》）三五好友洗罷溫泉，清風拂面哼唱而歸，快意人生不就是如此？哲學家海德格指出，如果你將死亡置於面前，你就更能有所抉擇。換句話說，如果明天你就要離開人世，你最遺憾的是什麼？不避諱談論自己的死亡，能夠認真去思索自己的死亡，甚至死亡就在自己眼前的人，他才會誠實的面對自己的生活，他的價值觀大多也會跟著有大幅度的轉變，平日的計較、固執，可能都將轉化成滿心的感謝，感謝有死亡，它使得虛偽褪落，真實浮現。

人在物質上擁有多少終將如數歸還，但是每一天內心豐富滿足的愉悅之感，卻是真真實實為我所擁有，無人可以任意剝奪。如果我們認真、踏實的對待每一天，也教導我們的孩子如此去尋覓他個人人生的意義感，他的視野是否會較寬

廣，也較能確立人生的真正價值所在？如此一來，當我們看到《完全自殺手冊》或這類書籍時，可能我們會「笑」著說：這個作者真「古錐」，連自殺地點都幫人家找好！

（原載中央警察大學《慶祝建校第五十九週年校慶特刊》，1995 年 9 月 1 日）

 # 推薦讀本

傅偉勳著，《死亡的尊嚴與生命的尊嚴》，臺北，正中書局，1993，初版。
▶ 傅偉勳教授是哲學界的老前輩，也是推動臺灣生死學研究的功臣，他從不諱言因為害怕死亡所以積極研究死亡，而且因其本身就罹患淋巴腺癌，故有與死亡搏鬥的親身經驗。此書除了介紹現代生死學研究外，也分析醫學、宗教學和生死學的關連，是激發這方面著作陸續出籠的代表作。

索甲仁波切 (Sogyal Rinpoche) 著，《西藏生死書》(*THE TIBETAN BOOK OF LIVING AND DYING*)，鄭振煌譯，臺北，張老師文化，1996（原書 1992），初版。
▶ 本書以藏傳佛教的觀點敘述生死大事和臨終過程，教人如何生也教人如何死，更教人如何幫助即將臨終之人和其家屬度過此一艱難的人生課程。全書五百多頁，需花一段時間閱讀，對於從未接觸過佛學知識的人來說，第一篇「生」，可能較難理解而無法進入狀況，建議從第二篇「臨終」讀到最後第四篇完再接回第一篇，相信用心讀完，當會有許多體會。

威廉·白瑞德 (William Barrett) 著，《非理性的人──存在哲學研究》(*IRRATIONAL MAN*)，彭鏡禧譯，臺北，志文出版社，1984（原書 1958），三

版。

▶ 存在主義對二十世紀的人文思想影響至深且巨，有興趣進一步瞭解存在主義者，這是一本帶有文學性質且生動易懂的書。

弗蘭克 (Viktor E. Frankl) 著，《活出意義來──從集中營說到存在主義》(*MAN'S SEARCH FOR MEANING*)，趙可式、沈錦惠合譯，臺北，光啟出版社，1992，六版。

▶ 本書作者是一位精神官能學及精神分析學教授，他以其在集中營的親身經歷，參透置之死地而後生的存在意義。人只要知道自己是為何而活，就能承受任何艱難處境，全書娓娓道來，令人頻頻動容。

許爾文・努蘭 (Sherwin B. Nuland) 著，《死亡的臉》(*HOW WE DIE*)，楊慕華譯，臺北，時報文化，1995，初版。

▶ 詩人、作家、畫家……經常描述死亡，卻未必真正親自處理過死亡事件，反倒是醫生和護理人員常常要面對死亡，卻不多見暢述對死亡的感受。本書作者不僅是資深的外科醫生，也是醫學教授，以他的專業知識敘述各種疾病的歷程、老化的身體構造，以及臨終的醫療品質、救治之必須與否等等，讀來不但可豐富我們的醫學知識，對於目前正積極推廣的「安寧死亡」，也更能建立正確的認知。

 # 電影欣賞

湯姆・摩爾 (Tom Moore) 導演，《晚安母親》(*NIGHT MOTHER*)，臺北，協和影視，1986，片長 92 分。

▶ 女兒對母親說：「如果人生就如搭上一部炙熱難熬的公共汽車，我實在不想坐到終點，提前下車，可不可以？」於是，她把一切交代妥當，包括她留下來的東西

可以送給誰，將邀請哪些人來參加她的葬禮等等，然後向母親道聲晚安，回房舉槍自盡。你能想像那位母親無法挽留住女兒的感受嗎？全片只是兩位分飾母女的主角在家中的連續對話，卻毫無冷場，足見腳本之精采與演員之功力。

郎‧昂德伍 (Ron Underwood) 導演，《天堂過客》(*HEART SOULS*)，臺北，協和影視，1993，片長 104 分。

▶ 四個互不相識的人乘上一部公車，卻一起死於墜橋的意外，因為是死於他人所造成的過失，所以可以完成一項心願後再轉世投胎，而四個人的心願竟然都不是什麼鴻願偉志，只是「實現一個承諾」、「上臺高歌一曲」、「知道孩子平安」和「向情人說聲我愛你」而已。全片幽默風趣，在捧腹大笑之餘，更覺寓意深遠。

布魯斯‧約爾‧魯賓 (Bruce Joel Rubin) 導演，《情深到來生》(*MY LIFE*)，臺北，義興影視，1995，片長 118 分。

▶ 被醫生宣判只剩不到一年可活的男主角，決定錄下自己生前的影像，留待即將出生的孩子長大之後可以從錄影帶中去認識他。由於這項計畫，他開始拍攝和他有關的一切，包括友人同事對他的評語、如何結交女朋友、如何與人應對進退……，在拍攝過程中，他不但意外的重新認識自己，並且更深刻的體驗生命的意義。

04

第四章　自　我

課前研討

Q：是否有命運？
　　1.如果有，你如何解釋「人對自己的行為必須負責」？
　　2.如果沒有，你如何解釋「巧合」？

一、自我的概念

　　人是精神（靈魂）與物質（肉體）的組合體，人所有活動的最後支持者、統一的主體，我們稱之為「自我」(Ego)。自我是個體各種行為表現的整合，它為個人提供某種持續、連貫的性質，使個體的成長建立統一。自我在形成粗定的輪廓後，即作為支持不斷充實形式的主體，人終其一生的發展，就是在這種充實形式的活動中求取最大的可能性。

　　有些哲學家主張人在先天上已承受某種來自終極實體的部分性質，分享了其中的美善，我人在成長的過程中，只要把這種美善發揮出來，就可以擁有充實圓融的自我。例如孟子的「性善說」即是一例：人皆有仁、義、禮、智四端，若能擴而充之，則可為聖人，所謂「人之有是四端，猶其有四體也，有是四端，而自謂不能者，自賊者也。……凡有四端於我者，知皆擴而充之矣，若火之始然，泉之始達。苟能充之，足以保四海；苟不充之，不足以事父母」（《孟子‧公孫丑上》）。若以西方哲學語言來講，可類比於「本質先於存在」的理論。關於「本質」(essence) 與「存在」(existence) 兩個哲學術語的意義，我們可以簡單的說，「本質」指出一物的內容，說明該物「是什麼」，而「存在」則涉及到該物的有或無。「本質先於存在」的理論傾向於有神論的主張，意味著人與神之間的同質性，人的存在是為了實現這種先天的潛能。與之相反的理論則是所謂的「存在先於本質」之說，此說大致是站在無神論的角度發言，主張人有了存在之後的自我形塑，全

憑個人的創造，人沒有任何先天上的本質，本質是個人後天努力的成果。不論是藉由成長以實現本有的潛能，或經過個人的創造活動以建立獨特的人格特質，兩種理論都不外乎是在強調自我的實現。

自我的實現首先應建立「自覺」意識。一般人對於自己的特徵，自己想成為什麼樣的人，都有一些迥異於動物的複雜觀念，例如狗群集而居，牠們可以知道誰是首領、自己的位階在哪裡，但卻沒有人類這種對自我之認識的複雜特質。自覺意指人對自身所處環境的適當評估、對所扮演角色（為人子女、為人父母、職業形象、國家公民……）的正確認知，以及對於理想與實現能力的掌握等等。隨著生活歷練的增長，這種自我認知的自覺能力，會因自己能力的有限，逐漸懷疑人自主行為的可能性，質疑自我實現的過程其實是逐漸落實既定的命運，抑是人的確自主的創造了自己的命運？

二、自主或命定

有人認為，人在此生中的自我實現，並非人可以創造出任何與眾不同的生活內容，而只是在逐步完成早已被注定、安排的生命歷程罷了。古希臘時代底比斯城 (Thebes) 傳誦不絕的伊底帕斯 (Oedipus) 王的悲劇故事，提供命運弄人一個有力的說明。

底比斯城的王子伊底帕斯一出生即有神諭指出，在他長大成人後將誤殺父親並娶母親為妻，犯下弒親亂倫的重大罪行。國王聞訊後決定將他殺死，母親不忍心，提議把他棄置荒野，任由自生自滅。所幸伊底帕斯命不該絕，被鄰國的牧人拾回宮中，成為該國無子嗣的國王之子而被撫養長大。有天，伊底帕斯獲悉他將娶母弒父的命運，因而心生恐懼逃入林中，不知不覺的朝底比斯城的方向走去。途中恰巧遇上他的親生父親，兩人因細故而發生爭執，伊底帕斯在氣憤之中失手將對方推下山谷，當場摔死，應驗了弒父的預言。這時底比斯城正遭受人面獅身獸斯芬克斯 (Sphinx) 的威脅，凡是要進入該城的人，都要能回答他提出來的謎語：「哪一種動物會早上用四隻腳，中午用兩隻腳，晚上用三隻腳走路？」回答不

出來的人就會被吃掉。王后下令聲稱，若有人能破除此謎語，化解底比斯城的危難，她願委身下嫁。伊底帕斯於是自告奮勇的來到人面獅身獸前猜中了謎語的答案：「是人。」而娶母為妻繼承了王位。伊底帕斯英明睿智，備受人民的愛戴，是當時的英雄人物。但後來養父母說出他的身分使得真相大白後，王后羞慚而自縊，伊底帕斯則因自責而刺瞎雙眼浪跡天涯。

　　歷經周折的伊底帕斯王，最後仍無法抵擋命運的捉弄，這不禁令人懷疑：所有人為的謀劃不僅無濟於事，可能也早已是在安排之中？如果命運總會以特有的方式闖入我們的生活裡面，那麼，人生的諸般努力豈不是一場令人扼腕的徒勞？為非作歹之徒又何須為其行為負起責任？若果非如此，我們又如何去解釋生活中的諸多巧合？

　　一般人都相信有命運，但又不放棄要掌握命運，且強調人可以改造、創建自己的命運。命運通常指稱人先天上無法改變的存在條件，例如生物學上的「遺傳基因說」、社會學上的「環境塑造說」、人類學上的「文化陶成說」。有些學者不但承認這些先天上的限制，甚至還進一步指出人生行事也早已有既定的安排，所謂「為者不成，成者不為」。任憑人事恣意的干擾，命運依然按其既定的行程支配我們的生活，這種主張我們泛稱為「宿命論」(Fatalism)。另有論者認為，人的自由意志其實只是一種假象，所有行為的結果都可以追蹤出其原因，亦即每一個結果都早已被原因所決定，這些原因不是人力所能左右，它們已超出人所能控制的範圍之外。所有的原因可能源自於一位全知全能的造物者之預先安排（宗教決定論），也可視為是宇宙中普遍有效的因果律之作用（科學決定論），或者一如馬克思的主張：人類行為的結果乃是取決於物質條件的影響（經濟決定論），這些可以統稱為「決定論」(Determinism)。決定論者把人的自由行為，認定為其實是由某種定律所操縱的推測，使得人的道德責任遭受質疑，針對人類行為的獎懲作法也失去了意義。於是，乃有人提出人的行為之不可預測性，以及人對行為結果會有後悔情緒的事實，以「非決定論」(Indeterminism) 的立場護衛人之自由意志的可能，甚至倡言：為了我們行為上的自由，我們必須先肯定自己是自由的，否則一旦承認自己早已是被決定的話，哪裡還會有自由可言？

　　人在生活順遂、理智清明的時候，總能自信滿滿的相信人定勝天，自己是命運的舵手，可以掌控、改變一切；可是一旦遭遇重大事故，例如婚變、家變、經商失敗、失業、失戀等等挫折時，卻又失去了主意，無法藉由理智判斷去決定未來，於是求籤算命就適時的發揮了它們特有的功能。算命究竟是迷信或有科學根據是個言人人殊、見仁見智的問題，但會想要去算命，在基本上就是一種無法自助之後的求助行為。求助於神明或算命仙指點迷津，期望他們的建言能夠改善棘手的混沌局勢，以便對未知的命運有穩操勝算的把握。但是，人最脆弱的時候也最容易上當受騙，何況「預言」本身又經常是模稜兩可十分弔詭的，例如，有人到廟裡詢問病危的雙親誰會先走一步時，擲筊求得的詩籤上寫道「父在母先亡」，如果解釋成「父在母親之前先亡」當然可通，但若斷句成「父在，母先亡」，則變成「母先父親而亡」亦未嘗不可，機率本就是一半一半，何須求籤問卜？又有一個有趣的例子：兩名學子相偕入京趕考，路經一廟，乃求廟裡的住持和尚指示考運，只見和尚神祕兮兮的伸出食指比了個「一」字，就不再多言，結果兩名學子一考中一落榜，兩人嘖嘖稱奇，直呼和尚神機妙算。廟裡的小和尚們聞訊後無不肅然起敬，紛紛請教該和尚是如何預卜先知的，和尚回答說：「一字可有三解：一曰一上一下，二曰一起及第，三曰一起落榜。」就此「一」字，足可道盡一切。

　　「命運的魔力可以使勇敢的人怯懦，使怯懦的人勇敢」，我們既不願相信命運已主宰一切，卻又感覺冥冥之中被一股我們無法左右的力量牽引著，這就是既有命運之說，又強調要掌握命運的矛盾情結。顯然，在我們生活中的確有許多無法更改的事實與趨勢，孟子曾說：「殀壽不貳，修身以俟之，所以立命也。」（《孟子‧盡心上》）貴賤、福禍、壽殀我們無法計較，只能存心養性，盡其在我，以順應那無法預測的自然趨勢，這就是孟子的立命之意。人生是活動的、能動的，雖然有許多無法改變的客觀限制，但那不應成為我們躲藏逃避的藉口，既定的事實我們要學習接受，但面對未來卻不一定要束手待斃，人對自己的行為結果還是必須負起一定的責任。一如沙特所說：我們可能生來殘疾，這一點我們沒有選擇的自由，但我們卻有選擇如何度過一個有殘疾一生的自由。立命之意在此，而立命之道，中國人向來就有「立德、立功、立言」之說，凡人只要有此三者之一，則

生前受人敬仰愛戴，死後也受推崇悼念。人有許多先天上的限制，而人生旅途也有無數的艱難險阻，但由於人有理性有自我意識、自我反省和相應的自我設計的能力，所以可以選擇如何生活並對自己的選擇負起責任，中國人常說的「大命由天，小命由人」應該就是這個道理。自我實現在某種意義上，是鼓勵自己對命運的頑強抵抗、突破困境，但從某個方面來看，也強調對自我的能力要有適當的認知，學會接受既成的事實、有自知之明，總比不知量力、白忙一場來得好。

三、自我的實現

那麼，自我實現的具體方法是如何？前已提及應先建立自覺意識，亦即對自己要有正確的認知。現代心理學針對各種需求所設計的測驗，十分具有參考價值，也可借助於與生涯規畫專家的諮商和他們的建議，來勾勒自己未來的藍圖。

佛洛依德超驗心理學的理論，在今天雖依然是褒貶不一，但透過他所提倡的精神分析法，確實為二十世紀的人類，提供一種認識自我的方式，所以在此特別介紹。佛氏主張，人的精神人格結構可以區分成「意識」與「潛意識」兩個層面。在意識的層面中，我們所表現出來的是「已模式化了的社會個體」，一個知書達禮、行為有度、為理性所掌握的「自我」(ego)，以及遵守道德原則、充滿義務感的「超我」(egoideal, superego) 之綜合體；「自我」表現人格中的「組合性」，「超我」則是一種「要求性」。至於潛意識的層面，是「非理性的本能衝動」在社會化的過程中，被抑制的潛伏之所，佛洛依德描述它是充滿強烈情欲、熱情衝動的「本我」(id)，它的特質就是「衝動性」。本我原是依照「快樂原則」為所欲為，但在文明教化與效用觀念的強調下，被「現實原則」所壓抑，而成為不為我們所意識的潛意識狀態。佛洛依德認為，如果我們能夠「用心想」，就會回憶起那些被我們刻意壓抑下來的想法或經驗，我們稱之為「前意識」，但潛意識的成分則多半已遭扭曲、變形、轉化或昇華，而無法直接辨識，它們會以「症狀」的方式出現在生活中，例如：說溜了嘴、物件的誤放、健忘症等尋常的錯誤都具有潛意識的意向；睡覺時的夢境也是潛意識願望的替代物，每一個夢常可解析成是真正願望變形後

的產物，以便掩飾、隱藏在意識狀態中不被容許的行為、想法；較嚴重的是一種所謂「強迫性的妄想症」，如不斷的洗手、覺得有人將加害於他等等，一種恐懼、焦慮的侵襲感。佛洛依德的「精神分析治療法」就是透過「自由聯想」的技巧，企圖使病人「恢復記憶」，因為上述的症狀只有在潛意識的狀態下才會產生，當它們成為意識時，症狀就會消失；然而記憶的恢復經常會遭到抗拒，因為本我的活動常受到自我、超我等外在任務的非難與指責，使完整個體的和諧、一貫性處於緊張狀態，甚至雙方產生衝突造成人格分裂的危險。佛洛依德勸戒人們不要過度隱藏這些衝突，讓意識與潛意識之間保持暢通，可以有效治療衰弱、神經質的個性，經由自我的自覺，讓自己變成一個強壯健康的人。

　　簡單的說，當我們經常說錯話、做錯事，情緒莫名的緊張、焦慮、神經質，或一些奇怪夢境的頻頻出現，甚至嚴重到罹患強迫妄想症時，我們應該細心的去解讀產生這些現象潛在的原因，它們可能是我們內心真正之願望和外在條件發生衝突後，勉強隱藏起來的本我仍蠢蠢欲動所造成的結果。分析出衝突的真正原因（靠自己或尋找專業精神分析師），除了可改善狀況外，也能藉此深入瞭解自我真正的意圖。所謂的自我實現，其實就是增加實現這些意圖的可能性，佛氏認為，清楚的瞭解自己的問題所在，並且能進一步加以改善的人，身心比較能獲得健康，也比較有能力自我實現。

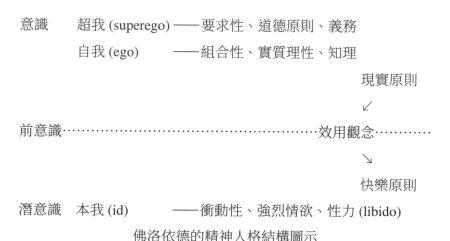

佛洛依德的精神人格結構圖示

　　自我實現的具體方法除了細心瞭解分析自己外，多數哲學家皆鼓勵人們積極參與這個世界。因為人是世界的一部分，人的能力、性質和世界的結構是纏解不開的相互糾結成網，人不可能在切斷與世界的臍帶關係後還能被充分的瞭解。其中就人與人之間的關係而言，就具有確認自己的身分與重新認識自己的功能，因為從與他人的接觸中，可以不斷的觸發個人內在的自我反省，真實的自我會在人倫關係中逐漸呈現，並在和諧圓滿之中自覺實現自我。我們知道，人類性格的完善實有賴於透過自我反省的功夫，以提升個人的自覺程度。通常自覺意識越強的人，自我實現的可能性越大，因為前者經常表現好思辨、理解力強、領悟力高的特質，於是在自我實現的表現上，就會對周圍的環境產生強烈的需求，同時付出同等的關懷。對於一個終日受物欲所羈絆的人而言，自我實現是表現在功名利祿的競逐上，精神上的空虛是導引他更加迷戀於名利的主因；所謂的自我實現，較大的意義應該是取決於自己理性上的讚賞，因為人是理性的動物，當我們在精神上意識到自己的成長正符合於理性的要求時，那才是不斷湧現悅樂的泉源，這種悅樂是來自內心深處的自足，它是不假外求的。

　　最後，依據心理學家之見，一個充分「自我實現者」他可具備如下的特徵：願接受自己、少自卑，也能接受別人，是以，他們對世界、對人的看法，少抱怨也較寬容；此外，他們對現實環境的認知能力強，因之，解決問題的能力也較強，在消化舊信念和接受新知識上，較具彈性也較有創造力。

 附錄一

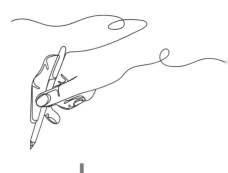

孤獨的寄託

> 花間一壺酒，獨酌無相親；舉杯邀明月，對影成三人。
> 月既不解飲，影徒隨我身；暫伴月將影，行樂須及春。
> 我歌月徘徊，我舞影零亂；醒時同交歡，醉後各分散。
> 永結無情游，相期邈雲漢。
>
> ——李白〈月下獨酌〉

　　每一個人都在追求生命的永恆感，但是俯仰之間，物換星移，有誰能及時抓住永恆的衣角，而讓時光為此停留？萬物皆變，紅顏抵擋不住鬢間漸顯的髮白，璀璨的花朵無法留住花瓣的片片凋零。人不僅清楚的意識到永恆的不可及，更在人生的歷練中，具體的經驗到孤獨的滋味，因為從來沒有人能與你分享心中真正的想望或確切的愁苦，你得自己背負著命運的十字架，踽踽獨行於人生路上。

　　李白這首〈月下獨酌〉，不僅點出「孤獨」感，也在試圖抓住某種「永恆」。

　　愛喝酒的人，最怕一人喝悶酒，浪漫的謫仙李白獨坐在花間飲酒，無親近之知己相陪伴，只好寄情於明月，與相傍隨的身影三人，且歌且舞，及時行樂。但是，「月既不解飲，影徒隨我身」，結果還是一人獨自飲酒，苦悶、徬徨、孤獨的景象，盡洩字裡行間。既然人世間找不到感情的共鳴，只好拋卻世俗之累，與明

月、身影相約於雲河中共渡逍遙遊。人生所無法逃避的無奈，藉由心境超然於塵世之外的想像，解開枷鎖，或許李白正因此而掌握了片刻的永恆。

　　人之脆弱，根本無法單獨去承受生命，但當有人與你一起分擔痛苦時，生命就不再是那麼難以忍受。不幸的是，這種情感上的需求與回應，常不是那麼能夠順如人意，李白之一醉解千愁，其意不正在於此？所以，「三百六十日，日日醉如泥」（〈贈內〉），「一日須傾三百杯」（〈襄陽歌〉），「五花馬、千金裘，好友一來呼兒通通拿去換酒來，以便與友『同銷萬古愁』」（〈將進酒〉），但是，「抽刀斷水，水更流；舉杯消愁，愁更愁」（〈宣州〉），只好將所有的孤獨與苦悶，醉入水中捉月，以「但願長醉不用醒」（〈將進酒〉）的方式，一起埋葬。

　　是不是從我們開始一板一眼的刻劃此生的時候，就同時也得努力學習忍受寂寞、接受孤獨？尤其是作為某個時代的「先知先覺」者，更要懂得孤獨前行的意義？因為他們的視野總在現存的觀念、體制之外，俟其行之既遠，人們方才能醒悟，此時永恆不朽的生命，才會發光發熱，永恆是孤獨苦悶之後的回饋與寄託？

　　人生可比擬成造屋，在有生之年，模擬陶淵明的「採菊東籬下，悠然見南山」的閒適心境，仿效李白的「舉杯邀明月，對影成三人」的自得其樂，珍惜日常生活的點點滴滴，作為搭建理想屋宇的磚瓦，或許永恆的足跡就會輕輕的敲門掩入，駐足停留；若不然，好高騖遠、希冀過多，不僅徒增落寞，也令生命彷若一場建築競技，鋼筋水泥堆砌的大廈，除了暴露陷溺於都市叢林中的孤獨無助外，不也更顯生機之渺茫？

（原載呂自揚主編《我喜愛的一首詩⑵》，臺北，河畔，1993 年 5 月，初版）

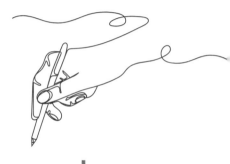

 附錄二

恬淡自適警察人生

　　我有一些大四的學生，在即將拿到畢業證書的前夕，侃侃而談他們對於未來的期盼，也同時吐露出內心不為人知的苦悶與焦慮。卸下教鞭，以朋友之姿聆聽他們的心聲，突然發覺到我的學生並不像平時所見的篤定，在濃郁的咖啡香味之薰染下，緩緩的溢出他們潛藏的不安氣息。

　　「老師，從大二開始我就想回家種田，可是，我要是這麼率性而為，準被家人罵得狗血淋頭！」甲生滿臉無奈。

　　「最近電玩弊案抓了那麼多人，連我的偶像也被約談了，這個社會還有誰值得信賴？」乙生氣餒異常。

　　「我跟我的女朋友感覺越來越淡，已經沒有以前那麼熱烈，想要分手講不出口，繼續下去又覺得沒意思，老師可有兩全其美的解決方法？」丙生殷切期盼。

　　為人生尋找定位始終是個艱難的課題，從懂事以來，我們就不斷在理想與現實中擺盪，生活似充實又彷若有所缺憾。到底人該追求什麼？人要的是什麼？顯赫的功名以光宗耀祖，或是隨心所欲恬淡自適的生活，或是一段轟轟烈烈的愛情，才算是不枉走此生？

　　民國初年的名人弘一法師李叔同 (1880～1942)，三十九歲以前風流倜儻、才華橫溢，作詩譜曲、書畫篆刻、戲劇藝術樣樣精通；三十九歲之後放下一切塵緣，

捨棄諸藝，剃度出家當和尚，還被世人推崇為律宗第十一代祖師。這樣一位曾經錦衣玉食歷經繁華的公子哥兒，卻能在素樸寧靜的古剎中，布衣粗食的度過餘生，不論出家前或出家後，都備受世人尊敬景仰，他是如何做到的？這其間心境的轉折，他又是如何調適的？弘一法師的俗世學生畫家豐子愷，在一篇回憶文中提到法師出家的原因說：「我以為人的生活可分為三層，一是物質生活，二是精神生活……，物質生活就是衣食，精神生活就是學術、文藝，靈魂生活就是宗教。」豐子愷認為法師出家是了悟了富貴名位皆身外之物，而學術文藝的成就終究無法觸及生命最根本的來源，唯有藉由宗教信仰的修持，才能一窺宇宙的奧妙，頓悟靈魂的本質。

就從豐子愷所提的生活的三個層次來說吧。

首先，「衣食足，然後知榮辱」，物質生活的滿足是基本的要求，但這種滿足感的標準因人而異，通常標準越高就越疲於奔命，因此，為自己定位一個適宜的物質水平是有必要，有句廣告詞說得不錯，「生活不簡單，盡量簡單過」，儉樸的生活，有其輕鬆自在的灑脫，只是，一般人都喜歡比較，要擺脫這種競賽的心理並不是件容易的事。但是，若說年紀輕輕就想要解甲歸田，未免是少年老成，不但沒有善盡人子之責，也難免有逃避現實之嫌。俗話說，「人不輕狂枉少年」，年輕人應帶點「狂狷」之氣，狂者，意氣風發，志在進取，狷者，品行高潔，有所不為。積極進取，有所為有所不為，散發年少的矜持與倨傲，是已經被現實生活磨損得失去稜角的人所欣羨的。

其次，年輕人也應把握少年人的衝勁與執著，積極培養文學藝術的鑑賞能力。這一點，從消極面來看，精神生活可彌補現實生活中的不如意，畢竟「凡努力必有所得」可能只是一種理想未必是事實；從積極面來看，精神生活是無限寬廣的，讀書、學畫、彈琴、聽音樂、培養嗜好……，不與人爭，可獨享也可同樂，這些興趣應趁年輕的時候積極培養成為生活中的一種習慣。如果因緣際會，成就功名固然可喜可賀，無功名利祿，也有隨緣消歲月的灑脫自在，舞琴弄墨，只為逍遙。

至於豐子愷提到的第三個層次宗教，我認為，人有信仰生活會比較踏實，但信仰可有宗教信仰和人道信仰之分，不見得人人都要參禪念佛，對超凡入聖的境

界之追尋，不一定得透過宗教信仰，從對人道的關懷中，也可漸次體會。換句話說，人道關懷是實質，宗教儀式是形式，有形式無實質，就像手握佛珠，心念卻混雜，只是假道學，假借宗教的神聖以襯托自己的與眾不同，或偽裝自己的真實面目；反之，沒有宗教的光環護身，依然行禮如儀，悲天憫人，參贊天地之化育，這就是一種人道信仰，事實上，這也是中國文化中有別於宗教信仰的文人傳統精神之一。

　　生活中的喜悅來自於自身成長的確認，而成長常伴隨著一種否定的作用，否定以往的幼稚、莽撞、衝動，逐漸學習走向成熟穩健。偶像崇拜是自我認同的投射，不同的成長階段有不同的理想形象，當一個人充分瞭解自我，接受自己的實際形象之後，對偶像會以欣賞的態度客觀評價，並取代滿心的崇拜依賴。同樣的，在成長過程中培養人文情操，也比較能讓自己有一副善解人意的好心腸。愛情的個案無法以固定不變的通則概括，何況不同的年紀對愛情本來就有不同的憧憬、期盼和需求，我們只能套用有位法國飛行員寫的暢銷書《小王子》裡的一句話：「唯有用心才能辨識事物的價值，光憑肉眼是看不到事物的精髓的。」用心去經營每一段感情，真誠相待，自會發現事物常有柳暗花明又一村的喜悅，即使不是如此，也可無愧於心，所謂緣盡情未了，道聲祝福比起相互指責怨懟，自然是好太多了，他日路上重逢，也會感謝彼此的曾經付出。

　　一點感想給我幾個困惑的學生，當天未及時給予回答，希望文章登出，能趕上你們即將揚帆啟航的人生之旅，最後借用詩人的期盼道別，「但願人長久，千里共嬋娟」。

（原載中央警察大學《慶祝建校第六十週年校慶特刊》，1996 年 9 月 1 日）

 推薦讀本

各行各業名人傳記。

▶ 讀傳記有很多的樂趣，看盡天下千百種人就有千百種的人生歷練，鮮明、特殊且生動。年輕人尤其應多讀傳記，除了激勵己心、計劃遠景，學習別人的經歷、增長智慧外，更可評估志業可能遭遇的風險、甘苦，建立自己的人生觀。

袁了凡著，《了凡四訓白話解釋》，黃智海演述，臺北，眾生出版有限公司，1977，初版三刷。

▶ 書過分普及或免費贈閱，就經常會被認為又是說教宣導的書，而遭到任意棄置的命運，此書即是一例。其實，此書雖不脫勸人為善的基調，但還是寫得很有創意的。

彼德 · 梅爾 (Peter Mayle) 著 ，《山居歲月 —— 普羅旺斯的一年》 (*A YEAR IN PROVENCE*)，尹萍譯，臺北，季節風出版有限公司，1995（原書 1989），初版。

▶ 已經厭煩都市塵囂擾攘生活的人，此書可以令人暫時沉醉於鄉野的儉樸閒散之中，尤其作者風趣機智的筆觸，常令人既捧腹又佩服。宏觀文化出版社翻譯的《有關品味》（*EXPENSIVE HABITS*，1998，初版），是作者另一本幽默十足的作品，他說「情婦是世上最昂貴的愛好」、「魚和客人三天就開始發臭」……，魚子醬、雪茄煙、西裝訂做……，都是有關品味的一門學問，值得研究。

赫曼 · 赫塞 (Hermann Hesse) 著，《悉達求道記》（*SIDDHARTHA*，通譯《流浪者之歌》），徐進夫譯，臺北，志文出版社，1997，再版。

▶ 赫塞是德國著名的詩人，1946 年諾貝爾文學獎的得主。他的文筆有如行雲流水，富含詩情畫意之美，在流暢的行文中，帶領讀者一起追尋真理的足跡。

**丹尼爾・高曼 (Daniel Goleman) 著，《EQ》(*EMOTIONAL INTELLIGENCE*)，張
美惠譯，臺北，時報文化，1996（原書 1995），初版十一刷。**

▶ 智商 (IQ) 高人緣卻不佳的人很多，"EQ" 指的是「情緒智商」，亦即掌握情緒的
能力。作者認為，「有些高智商的人事業無成，而智力平庸的人反而表現非凡」，
這和 EQ 的高低有關，書中有詳細的分析，也提供許多修身養性的方法。

 # 電影欣賞

**野村芳太郎 (のむら よしたろう) 導演，《砂之器》，臺北，三映傳播，1974，片長
144 分。**

▶ 一件鐵路兇殺案，在警探鍥而不捨的努力偵察下，雖然抓到兇嫌，也同時道盡
了造化弄人的諸般無奈，加上盪氣迴腸的主題音樂，此片堪稱上上之選。

**史朗道夫 (Volker Schlondorff) 導演，《玻璃玫瑰》(*VOYAGER*)，臺北，三映傳
播，片長 120 分。**

▶ 堅信巧合無關乎命運，一切只是機率問題的名科技專家，卻在一連串的巧合中，
愛上一個不該愛的人。美麗絕倫、氣質非凡的女主角，一如易碎的玻璃玫瑰，光
欣賞她純真的臉龐就值回票價。

**尚賈克・貝內 (Jean-Jacques Beineix) 導演，《巴黎野玫瑰》(*37°C, BETTY BLUE*)，
臺北，三映傳播，片長 120 分。**

▶ 借用佛洛依德的用語，是女人比較忠於「本我」還是男人？狂野的女人，寄託
希望於男人身上（「超我」），造成人格的分裂，以「自我」摧殘來宣洩。限制級的
影片，兒童不宜觀賞。

喬納森・德米 (Jonathan Demme) 導演，《沉默的羔羊》 (*THE SILENCE OF THE LAMBS*)，臺北，年代影視，1991，片長 122 分。

▶ 童年時的創傷，左右成年後的志向，女警探在偵辦變態心理醫師的過程中，反被心理醫師分析出她潛藏於內心深處的心結。奧斯卡金像獎得獎名作，精采好戲。

史考特・希克斯 (Scott Hicks) 導演，《鋼琴師》 (*SHINE*)，臺北，嘉通標誌聯營系統，1996，片長 106 分。

▶ 天才與瘋子如何區分？ 音樂天才在日常生活中卻十足像個低能兒 ， 高 IQ 低 EQ？本片光聽鋼琴彈奏的音樂，就足以令人血脈賁張、亢奮不已，加上男主角出神入化的演技，更令人讚賞，難怪榮獲奧斯卡最佳男主角的殊榮。

05

第五章　性　別

🚀 課前研討

Q：當女生好還是當男生吃香？如果有來生，你會選擇什麼性別？

一、性別議題的意義

在亞洲地區，臺灣的女權運動算是相當蓬勃發展了，女性地位也相對的較為提高，不過，有許多根深蒂固的觀念卻仍深植國人心中，這不但限制女性本身的自我發展，也成為致力於女權運動者最大的阻力。

首先，傳統的兩性觀念，表面上已起了若干變化，但實質的改善仍屬有限。在以男性為主導的中國社會裡，為配合男性身分、地位與尊嚴，為女性定下的諸種限制（參見附錄論文），至今依然是品評女性行為優劣與否的準繩，只是化明為暗，巧妙的包裝在禮遇女性的旗幟之下，使人不易察覺。例如，對傑出的女性冠以「女強人」的稱號，除了凸顯舊價值觀中「強人」是男性的專有名詞外，也在無意中表達對該女性之女性氣質及其家庭圓滿的質疑；又如，坊間喧騰一時的，某女作家描述女性政治人物情欲發展有如「北港香爐」般鼎盛的作品，表面看來是主張女性主義者的創作，但若仔細讀來，不禁令人十分驚訝的發現，其實作者已不自覺的陷入男性慣常將女人劃分為「好女人」與「壞女人」的窠臼中：情欲自主不是好女人的優良品行，犧牲奉獻才是偉大女性的美德。這種表面高唱女權至上，骨子裡卻隱藏難以根除的憎女情結，和以男性眼光品評女性的態度，其實是目前許多從事女權運動者，應該不斷自我警覺的心理障礙。

其次，不容諱言的，女性在今日已擁有更多的社會資源，更多的工作機會，甚至更多的政治權力，自我實現的可能性不再只是男性的專利，只要女性自己願意，通常都不會有太大的外在阻力。為了實現真正的兩性平等，有許多人提出「性別正義」的觀念：亦即，基於平等的要求，應給予所有人實現自我的平等機會；

又基於男女性別的差異，則應給予不同的對待，否則無視於性別差異卻給予相同的對待，反而是不正義的。在這類性別正義的主張下，容易讓女性自陷於「選擇性的正義」之中，亦即，不想要的就縮回傳統角色中，想要的就搖身一變成為女性主義者。這造成許多男性的反感，認為女性主義者幾乎都是囂張跋扈之流，她們要不是一群未婚、失婚、離婚者，就是患有歇斯底里性心理症 (hysterical neurosis) 的病人。男性這種排斥心態縱有非議之處，但女性自己不知長進，只要權利卻不盡相對義務，也是在從事女權運動時應該自我檢討的。

社會應該提供給每一個人實現自我的機會，雖然目前我們所處的環境，已經不容許絕對專橫霸道的男性威權主義存在，我們也不希望漫無節制的女權至上的觀念到處充斥，兩性的議題，不是委屈任何一方以求全於另一方的方式，應該是植基於先天的差異上，給予後天各適其所的對待，以便建立兩性相互尊重的理想。有關男女平等的諸多見解，本人認為，女性自身就肩負著不可推卸的重責大任。因為，除了批判歷史文化的影響、針砭社會制度的缺失，讓男性意識到抗議之聲下的合理訴求而有所改善外，女性是否已有足夠的自覺與自我解放更是關鍵之處：對女性主義的主張只是陽奉陰違，其實自己也正是父權結構的共犯？對性別議題的討論，是站在「女性」的框框裡搖旗吶喊、增威助陣，或立基於「兩性」的立場，要求一個公平的待遇？特別是在教育下一代方面，女性對家中男女兒童的教養方式，是否只是舊瓶新酒，性別依然決定了一切？至於男性對女性主義的議題，不論是在參與運動或文獻研究的程度上，顯然誤解多於了解，有些男性仍以「女人就喜歡吵吵鬧鬧」的措辭，不願正視女性主義論述中日益呈顯的嚴肅議題，或以表面的寬容掩飾內心的不屑和維護男性的優越意識，以至於女性主義一直難登主流研究的領域。

女權運動的發展，將近三百多年方有今天的建樹，近幾年來，女性主義的論述更有如雨後春筍般的層出不窮。底下將簡單的介紹東、西方的女權運動，尤其是中國方面，因為與我們較有切身關係，在急速發展的臺灣社會裡，希望藉由利弊得失的檢討，提供兩性未來相處的因應之道；至於女性主義的論述，更可由諸多西方女性主義健將的主張中，瞭解女性主義者並非只是一味爭奪女權的狂妄女

子，對於促進兩性的和諧發展，她們的見解有其不可抹滅的功勞。

二、女權運動的發展

1.西方的女權運動

和其他學說思想一樣，「女性主義」這個名稱也包含許多不同的見解與流派，然而從女性群體的觀點出發，以取代對個人利益的爭取之精神，應該就是「女性主義」立論的關鍵所在。準此，我們大致可將女性主義溯源至十七世紀末葉，以英美和西歐的婦女們，為爭取教育機會的平等與諸種基本權利所發起的女權運動，作為此一學說的濫觴。

十七、十八世紀，是昔日封建社會逐步被工業革命帶來的各項變革所取代的新世紀，不僅在經濟方面發生巨大的轉變，也在政治上引燃激烈的爭鬥。許多女性知識分子，由於參與男性所主導的社會運動逐漸體驗到，男人爭取自由、平等、快樂、揚名於世，何以女人獨被排除於這些權利之外？於是著書立說起身反抗者日漸增多，她們反省傳統歌頌「女性氣質」其實是限制女性自我發展的陰謀，並且極力譴責社會普遍存在的雙重道德，倡言女性和男性一樣同具理性能力，應該有作為人類一分子的基本尊嚴，凡男性所擁有的教育權、經濟權、政治權⋯⋯，女性都不應缺席。值此時期，參與社會運動的婦女也逐漸醒悟到，唯有把女性視為一個普遍遭受壓迫的團體而非個人單獨不幸的命運，團結所有女性獨立於其他的社會運動，建立專論女性議題的女權運動，才有可能為女性爭取到實質的利益。

這類主張具體催生出兩大國際性婦女組織，一為十九世紀末創辦的「國際婦女會」（International Council of Women，簡稱 ICW），目前已在世界各地普遍成立分會，呼籲全世界的女性不分種族不分國籍，團結一致，積極爭取女性在家庭、社會、經濟、政治等各方面的權利。1904 年，另一個國際性的婦女組織也相繼在美國和英國成立「國際婦女參政聯盟」（International Woman Suffrage Alliance，簡稱 IWSA），爭取全球婦女的參政權，對抗其他反對組織。

　　二十世紀發生的兩次世界大戰，大量婦女被招募以代替入伍作戰的男子，婦女地位在戰爭期間急促竄升，不僅成為生產線上的重要人手，也是戰場上不可缺少的護理人員，舉凡男性因上戰場所遺留的空缺，女性都可遞補，突破女性只能擔任家務事的局限，傳統以來定位男女的觀念也似乎暫時解放。ICW 組織曾趁此時機，強力促成女性主義者多年來要求男女「同工同酬」主張，正式納入《凡爾賽和約》和「國際公約」中。同此時期，繼 1906 年芬蘭婦女取得投票權後，1918 年在英國、加拿大，1919 年在美國、西德，1949 年在中國等世界各地，婦女也陸續取得了該項權利。女權運動獲得了實質的勝利，不僅逐漸取得平等受教的權利，同時也擁有較好的工作條件與機會，同工卻不同酬的現象獲得改善，經濟狀況漸能獨立自主，加上新興科技對控制生育給婦女帶來的福音，都使得女權運動的發展有了長足的進步和成效。

　　兩次世界大戰結束後，這些成果卻反遭凍結，主要是為因應大量解甲歸田的男子，縱然女性在工作場所有傑出表現，也以半薪或無給職的方式被迫讓出勞動市場，父權體制再度以穩定社會的理由，教育婦女學習、發揮女性氣質，宣傳、歌頌並美化婦女回歸家庭的崇高價值，壁壘分明的「男主外女主內」的觀念，以及配合這套觀念所衍生出來對女性的諸種限制與不平等對待，經過二百多年的努力，幾乎功虧一簣。然而思想一經啟蒙，就很難回歸於原點，二十世紀末的女權運動非但未見銷聲匿跡，反而以更成熟穩健的方式，繼續其長期的抗戰。

2.中國的女權運動

　　西風東漸，中國女性意識的抬頭可從十八世紀的末期說起。首先把中國婦女問題較為完整的呈現出來的論述，要推李汝珍 (1763～1830) 的《鏡花緣》，作品內容反映出中國傳統社會對待女性的不合理現象，進而提倡女子教育、女子參政的新觀念。李汝珍所表達出來的問題感，雖然已點出中國普遍存在對婦女的不公平待遇，但真正賦予行動、推動改革的，則是在 1882 年，由康有為、康廣仁兄弟，先後於廣東、上海創立的「不纏足會」才揭開序幕。爾後，西方教會在中國廣興的女學堂帶動了此一風潮，中國的積弱不振也適時提供新時代的兒女轉變的

契機，在婦女紛紛投入救國、建國行列中之同時，女性爭取社交、婚姻及教育平等的女權運動也應運而生。

然而，仔細推敲此一時期的中國婦運將不難發現，其立足點仍然是站在父權意識下所做的考量，是父系利益的延伸，並非真正以女性意識為後盾的改革。以當時鼓吹最力的梁啟超為例，在他所著的〈論女學〉一文中，極力主張女子應該要求學、強身、就業，但這不是為女子本身的利益權衡，而是：女子求學可以「保教」，提升兒童的母教品質；強身是為了「保種」，健康的身體為孕育優良的下一代；就業主要是為了「保國」，以免二分之一的人口不事生產，拖累國家的經濟負擔。由此可見，在自由、平等的名目下，其實是婦女資源的重新發現，強調女性地位的重要以及教育女人，是為使她們更能扮演賢妻良母的角色，更有增產報國、富國強兵的能力，至於傳統中重男輕女、男尊女卑的觀念，在這段看似風起雲湧的女權運動中，並沒有撼動其根基。

1949 年，國民政府播遷來臺之後，有鑑於我國婦女實際所處的劣勢情況，乃漸次透過立法建立制度，以保障婦女的權益；近幾年來，許多女性傑出人才，更不斷在各個專業領域中表現讓人刮目相看的成就，尤其是女性民意代表，在女性權益的促進上不斷交出漂亮的成績單；加上民間婦女團體的相繼成立，對於女性主義的引介，婦女意識的推動，成立婦女問題諮商、救援中心等等，也在潛移默化中發揮了教育女人的功勞。

有許多人認為，以臺灣目前社會開放的情形來看，女權運動或女性主義已無太大的發展空間，甚至面對許多層出不窮的社會問題，已有人開始歸罪於女權意識的過度高漲，使傳統女性隱忍順從的美德蕩然無存，家庭生活支離破碎，問題兒童成為社會治安潛在的憂慮。「女性主義教壞了女人」、「女性主義者都是自私自利的女人」，成為女權運動者極力要擺脫的標籤，很多人也忍不住的奉勸女人回歸家庭，他們普遍認為臺灣社會已經非常尊重女性、照顧女性了，女性不該再得寸進尺。的確，我們今天可以看到許多男性對他身邊女性親屬十分尊重，但這只是「私人父權」（意指家庭中父親的角色）的讓步，它並不就等同於「公共父權」（意指整個社會文化的形式）的萎縮。女性依然置身於整個父系霸權所主導的社

會中，在男性幾乎壟斷所有的社會資源與政治權利的情形下，女性依然屬於被統治的階層，她們仍舊很難脫離被支配的命運。

3.東西方共臨的困境

⑴男女工作報酬和升遷機會仍不平等

在世界各地，男女兩性在就業方面的成就差異至今仍是相當普遍，女性的工作報酬率之低於男性也可說是一個世界性的現象。這主要在於女性在發展事業的過程中，往往多了一層性別上的障礙，在普遍仍是男性主管居主導地位的社會中，因對女性本身生性柔弱依賴、缺乏獨立能力的認知仍未消除，使得在人才的選用上，女人較難被委以重任，相對的，女人也因此失去接受磨練的機會，進而不易獲得升遷。除非女性以積極主動的態度取代被動消極的等待，表現出與男人一般的陽剛特質，勇敢果決、膽大有主見，又要同時具備女性善於表達溝通、溫婉和諧的傳統特質，方能脫穎而出，爭取到同等的機會。在此同時，女性尚要顧慮被描述為「尖銳」、「厲害」的負面評價，如果稍具姿色，更要小心防範以「性」作為晉升手段的惡意攻擊。

⑵男主外女主內的觀念依然深植人心

傳統「男性養家女性持家」的觀念，依舊是理想的兩性分工方式，以至於婚姻形式對女性的束縛，仍然是女性無法充分支配自己的生活與時間的最大因素。就女性與家庭的親密關係來看，妻母的角色，一直是女人無法放棄的「天職」。波娃就曾指出：女性從屬於男性、居於次要地位的存在事實，阻礙了女性充分發揮個人才智的機會，但是，即使女人可以獲得和男人一樣的條件，女人也無法得到全面的解放，因為女人的生育作為傳宗接代的「天職」，注定了女人遭受奴役的命運，除非她能解決這種天賦的繁殖作用，與作為一個自由人所必須具備的經濟生產之間的衝突。對多數的現代女性而言，當事業發展與婚姻生活發生衝突時，她們多半仍會捨棄事業以遷就家庭之需，妻母角色的重要性，在她們心目中仍優先於職業角色。在結婚、生育、養育和以照顧家庭為優先考慮的前提下，女人投注於經營事業的精力當然比不上男人的全心參與，加上家庭責任對時間的分割，女

人的事業乃呈現斷斷續續，無法累積成一定的成就。

　　(3)兼顧婚姻與事業的困難仍未獲解決

　　社會對女性的期待是雙重的，一方面認同女性在事業上的大展鴻圖，以便承擔更多的社會責任，另一方面又鼓勵女性回家好好照顧家庭，減少社會問題。所謂成功的女性往往是事業與婚姻皆能兼顧的象徵，但這在人格的發展上是可能造成衝突矛盾的。如前所述，成功的職業婦女，常需具備穩健豪放的陽剛特質，但就家庭中的女性角色而言，她卻又必須是溫良柔順的陰性面貌。想要在男性主導的社會體制中佔有一席之地的女性，她必須展現男性的特質，甚至表現出領袖的風範與能力，這對習慣居於統治地位的男性而言是一大威脅，縱然男性有意扮演傳統女性的角色，以目前的社會風氣來看仍然沒有這項條件，以至於男人對這類男性化作風的女性還是望之卻步。即使在家庭中居於主導地位的女性，在一般的社交場合裡，也必須自我收斂，以維護男性伴侶的尊嚴，以免造成對方的壓力及挫折感。這在未婚但具有相當才華的女性身上，更是一種嚴重的隱憂，許多未婚女性害怕職業上的成就過高而阻隔了男性的追求，因此，常常有放棄升遷或朝傳統的女性行業發展的情形出現，以避免比較所形成的壓力。女性害怕成功失去吸引力的疑慮，致使女人在事業上無法放手一搏，事業成就退為女人次要的需求，婚姻才是女人最終的歸宿。

　　(4)女性依賴成習不肯也不敢獨立自主

　　傳統家庭、社會教育從小就要求男孩，要學習勇敢接受挑戰，要獨立自主有主見，不要哭哭啼啼、婆婆媽媽像個女人一樣，「男人有淚不輕彈」的訓誡，使男性在孩提時代就能發展自覺意識，較早學習為自己行為負責、承擔後果、創造自己的命運。比較起來，女性就顯得依賴成習。依賴對女性而言，不僅不是負面因素，反而是沒有太多意見、溫柔順從的美德。其實，仔細推敲起來將不難發現，首先，依賴常讓人們覺得不公，因為它享有許多的特權（例如言行的免責權、改善家庭經濟的責任權……），並且是只享權利不盡義務；其次，依賴常是導致宰制的原因，進一步造成女性的墮落，無法自我實現。不肯為自己的行為負責，把自己的命運交託在別人的手中，甚至，沒有勇氣面對獨立自主可能導致的風險，可

以用來解釋，何以至今仍有許多女人寧可忍受不幸的婚姻，也不敢逃出婚姻的枷鎖嘗試獨居的可能，更沒有為自己開創第二春的自信。依賴享有許多好處，但也要看人臉色；獨立自主難免曲折不少，但可擁有更多的自尊。只是，很多女人不覺得自尊很重要，或者也不知道要自我實現什麼，反而丈夫能不能讓自己過得養尊處優才是幸福的指標。

　　以上所述，仍然普遍存在我們現存的社會環境中，不但事實情況如此，女性本身也有此認同。女性的自我設限是女性自覺意識之發展的首要障礙，它使得「女人是依戀且寄生於男人底下」的觀念持續存在，事業再成功的女性都比不上被男人寵愛的女人幸福，無知而依賴的女人反而是值得誇耀的本事。不論時代如何進步，觀念如何推陳出新，男女兩性平等共處的理想，以目前來看，實在尚待努力，女性主義的論述正是朝這方面繼續努力。

三、女性主義的論述

1. 自由主義女性主義 (Liberal Feminism)

⑴思想緣起和應用

　　從希臘三哲開始，人是「理性的動物」就一直被視為人與禽獸主要的區別所在。所謂理性，主要是指人的「判斷」和「選擇」能力，判斷是非善惡，選擇何者可為、何者不可為的自主能力。

　　「自由主義」(Liberalism) 首先即是肯定人之理性，視理性為人的一種能力、一種力量，使人類在源遠流長的發展中，逐漸脫離動物領域，創建語言、文字、歷史、文明，並且這樣的發展也將持續下去，人類的進步與希望是無可限量的。其次，自由主義視自由為人類理性的極致表現，是人之所以為人的尊嚴與價值所在。

　　但自由主義在詮釋自由的概念時卻是歧異的。一般而言，自由可分為消極的與積極的自由，消極的是指不受任何限定，積極的是指自為原因，也就是最終的

原因；消極的與積極的互為表裡，不受任何限定即是自為原因，自為原因即是不受任何限定。據此，自由又可分為內在的與外在的自由，前者意指人的意志能不受限制而自為原因的自由，後者則指人在與他人或自然的互動中能不受限制而自為原因的自由；外在的自由必須預設內在的自由才有可能。假如放任每一個人毫無限制的去追尋一己之自由，反而促使人人處於受限、失去自由的狀態，所以，外在的自由是要藉由限制才能發展，但這種限制應盡可能的減至最低的程度；至於內在的自由，是個人力圖擺脫受控於他人、實現自我的願望，社會應有責任提供合適的條件，滿足每一個人成為自己主人的努力。

自由主義女性主義顧名思義，即是將自由主義的主張和特色，從只圈限於男性的狀況擴展到女性的議題當中：既然理性是人類共同的特性，何獨將女性排除在外？既然自由是人類存在的重要價值，何以只為男性所獨享？此外，自由主義所鼓吹的「尊重個體自由保障機會平等」、「正視先天差異提供福利補助」的主張，也成為女性主義的口號。自由主義女性主義追求教育、就業、經濟、參政等各方面機會的平等，以及將女性歸屬為一獨立團體爭取福利補助的努力，成為各類女性主義議題的基本宣言。

⑵代表人物和主張

A. 瑪麗·伍史東克拉夫特 (Mary Wollstonecraft, 1759～1797) 的《女權辯》(*A VINDICATION OF THE RIGHTS OF WOMAN*, 1792)。

童年歷經窮困的農家生活，年輕時受盡愛情折磨自殺未遂，後來又因難產而去世的伍史東克拉夫特，一生致力於女權運動不遺餘力，她長達三百多頁的《女權辯》一書，在當時甫一出版，立即洛陽紙貴大為轟動，其中的主張更是今日女性主義的磐石。該書極力宣揚男女行為標準的一致化，駁斥盧梭 (Jean-Jacques Rousseau, 1712～1778) 的《愛彌兒》(*EMILE*)，將男學生 (Emile) 教養成剛毅節制的「理性」氣質，而女學生 (Sophie) 則依其「天性」培養出溫柔順從的「感性」美德，她強調男女教育不僅要平等，內容更要一樣，使女性也能訓練出理性能力，成為完整的個體。

B. 約翰·史都華·彌爾和哈莉葉·泰勒 (John Stuart Mill, 1806～1873 &

Harriet Taylor, 1807～1858) 的 《婚離之初探》 (*EARLY ESSAYS ON MARRIAGE AND DIVORCE*, 1832)、《女性之解放》(*ENFRANCHISEMENT OF WOMEN*, 1851)、《女性之卑屈》 (*THE SUBJECTION OF WOMEN*, 1869)。

約翰·史都華·彌爾和哈莉葉·泰勒，兩人從 1830 年相遇後，有一段長達近二十年的深厚友誼，後來在泰勒的丈夫去世之後，兩人始結為夫妻，由於這種微妙的三角關係，促成雙方在女性議題上的關注，並合撰以上三本知名的論著問世。他們除了討論婚姻、家庭中的男女角色外，最重要的是鼓勵女性積極走出家庭，進入就業市場，鼓吹兩性經濟機會與公民權利的平等。

C. 貝蒂·傅瑞丹 (Betty Friedan, 1921～2006) 的《女性迷思》(*THE FEMININE MYSTIQUE*, 1963)、《第二階段》 (*THE SECOND STAGE*, 1982)、《生命之泉》(*THE FOUNTAIN OF AGE*, 1993)。

傅瑞丹是「全美婦女組織」(NOW) 的創辦人兼首任主席，曾被譽為美國「婦運之母」。她在《女性迷思》一書中，主要為打破女性像薛西弗斯般，終日陷溺於雕塑天使臉孔、魔鬼身材的無意義生活中，鼓勵女性走出家庭與男人競爭，成為職場上的女強人。《第二階段》 則為解決女強人無法兼顧事業與家庭的困境而出書，強調男女兩性不應該是敵對的雙方，而應積極建立起和諧的伙伴關係，女性解放的同時亦是男性解放的契機，女性既進入職場，理應相對的將男性吸納入家庭之中。《生命之泉》 主要針對老年人的生活而發表，從心理、生理、社會各方面，重新解讀老年生活的意義，藉此開創新機。

⑶反省和批判

A. 此派學者在生物「性別」(sex) 和文化「極別」(gender) 的差異上，未見申論。

B. 性別差異所造成的社會分工，從家庭到職業，男女同受限制。例如：「男主『內』女主『外』」的社會壓力，職業婦女如何兼顧家庭，未見提出具體的辦法；職業上司機工作之於女性，護理工作之於男性，性別限制依然存在，未獲解決之道。

C. 幾將男性價值視同為人類之價值，且過度張揚個體自由的重要性，而忽略共同利益的意義。

2.馬克思主義女性主義 (Marxist Feminism)

⑴思想緣起和應用

馬克思主義對於女性主義的影響主要有下列幾點：

A. 人性概念

無所謂人類的「本質」概念，是「人類自己創造了自己」，後天歷史、環境等時空上不斷的變遷，人亦隨之改變。應用：無所謂「女性」在先天上就是溫柔順從、依附於他人之類的本質概念，女性應重新自我定義。

B. 唯物主義

就社會結構而言，是「生產力」（原料、工具、工人）和「生產關係」（生產過程的組織、結構）結合而成的下層建築（物質層面），決定政治、法律、意識型態等上層建築（精神層面）的內容。應用：女性（製造人），提供工人（製造物）衣食、情感……，使資本社會得以運轉，女人不但沒有不事生產，反而才是真正主要的生產者，是女性提供了「原始累積」，才造就了資本社會的「資本累積」。

C. 異化現象

或稱「疏離」(alienation)，與自身勞動產品疏離、與自己疏離、與他人疏離。應用：「天使臉孔、魔鬼身材」，幾乎成為女人終生都要奮鬥的目標，以至於很多女人經常無法正視自己、接受自己，與自己疏離；加上不論是色情行業中的性交易，或傳播媒體中女性經常和銷售產品一起出現的廣告，都使得女性因可被買賣的聯想而被商品化，失去應有的自主、自尊和自信。

D. 階級鬥爭

資產階級或布爾喬亞階級 (bourgeoisie)，和無產階級或普羅階級 (proletariat)，在資本主義下受到不同程度、不同性質的壓迫，故應整合起來超越階級對立，建立共產社會。應用：歷史其實亦是一幕幕性別的鬥爭史，所有階級的女性應整合成一「女性階級」，以對抗「男性階級」，從而建立無性別壓迫的社會。

⑵代表人物和主張

A. 瑪格麗特・班斯頓 (Margaret Benston, 1937～1991) 的《女性解放之政治經濟學》(*THE POLITICAL ECONOMY OF WOMEN'S LIBERATION*, 1969)。

現代社會給予女性走出家庭外出工作的機會，卻沒有改善女性自身的處境，因為，無論任何時代、地區，家務及育兒工作，幾乎都是女性的責任，女性就業之後反而在家庭與事業之中疲於奔命，女性如欲求解放，就得先將這類私人活動轉移成為社會活動，否則女性處境一樣無法獲得改善。

B. 瑪莉亞羅莎・達拉・柯斯塔和謝爾瑪・詹姆士 (Mariarosa Dalla Costa & Selma James) 的 《女性的力量和社群之顛覆》 (*THE POWER OF WOMEN AND THE SUBVERSION OF THE COMMUNITY*, 1972)。

兩人主張以「家務計酬」的方式來改善家務及育兒的工作，並提出具體可行的方法如下：

　　a.訂立「免費托嬰」、「育兒社會化」政策。

　　b.全面課稅或課已婚者之稅，藉以發放「母親福利金」。

　　c.訂立對男人或孩童的「罷工權」。

⑶反省和批判

A. 即使是所有女性的確以身為女性受到壓迫，但不同階級的女性不可能受到「相同一致」的壓迫，女性很難自成一個團結合作的階級。

B. 家庭價值是複數型態的，難以其他價值取代，育兒社會化忽略了個別家庭獨特的價值意識，並且，有眾人加愛卻無一特定歸屬的撫育方式，將對兒童造成更大的不利。

C. 「家務計酬」未必真有好處：

　　a.有鼓勵女性留在家裡的變相訴求，使得男女分工的型態反而變本加厲。

　　b.助長資本主義將一切商品化的負面形式。

　　c.加重已婚男性之稅，且對未婚男性不公。

D. 此派學者極少討論到有關「性」的問題，而性別差異的探討，可能才是解決兩性問題的根本。

3.基進主義女性主義 (Radical Feminism)

(1)思想緣起和應用

女性是歷史上第一個受壓迫的團體,女性之受壓迫是最普遍、影響最深、建基最穩的壓迫形式,可用來解釋其他的壓迫形式。而這類壓迫形式的形成就建基於生物「性別」(sex) 的差異上(生理特徵),形成文化「極別」(gender) 的分野(陽剛陰柔),再構築各類壓迫形式的意識型態。性別偏見與形式,不僅存在於壓迫者,也存在於被壓迫者身上,社會上的「陽具崇拜」和「憎女情結」的傳播者,也來自女性自身而不自知。基進主義女性主義的「基進」(radical) 一詞,有從「根本」(root) 整治之意,斬草要除根,才能為女性千百年來的壓迫形式,締造革命性的轉變。

(2)代表人物和主張

A. 雪拉密斯‧法爾史東 (Shulamith Firestone, 1945~2012) 的 《性別辯證》 (*THE DIALECTIC OF SEX*, 1970)。

男女差異根植於男女生理上的不同,而主要就在於「生殖」上面。故一如馬克思主義之發動經濟革命建立共產社會般,主張:

    a.「母愛是天性」根本是社會制約的結果,女性生養小孩與其說是真心的喜愛,不如說是自愛的延伸,應該發動「生物革命」,積極發展科技(試管嬰兒、孵化器),讓女性主導生殖能力,消弭男女根本的差異。

    b.取消同性戀與異性戀的分置,性別角色將無標準形式,女性不必「忍痛受苦以產子」,男性也不必 「辛勞奔忙以求存」,建立 「陰陽同體的社會」,締造眾生皆平等的世界。

B. 凱特‧米列 (Kate Millett, 1934~2017) 的 《性政治》 (*SEXUAL POLITICS*, 1970)。

女性受壓迫的根源並非來自於資本主義,而是「父權體制」(patriarchy),父權體制誇大了男女生理上的差異,藉由男女角色刻板化的社會過程,以建立男性統治、支配的地位。因此:

    a.「性即政治」(sex is political),男女關係正居於一切權力關係的典範、模

　　型地位。

　　　b.男女不平等超越種族、政治與經濟的不平等之上，若不先打破，一切難
　　　以克竟全功。

在一個女性已能享有教育、經濟和政治各方面資源的社會裡，女性依然無法擺脫
附屬的角色，主要就在於父權體制依然存在，從家庭、學校到社會，其所灌輸的
觀念，已經內化為一種價值觀，即使身為女性亦不自知的成為共犯，所以改革公
共權力普遍為男性掌控的現象，亦即發動女性「奪權」，可說是當務之急。

　　C. 瑪莉‧黛麗 (Mary Daly, 1928～2010) 的《超越天父》(*BEYOND GOD THE
　　FATHER*, 1973)、《婦科醫學／社會生態學》(*GYN/ECOLOGY*, 1978)、《完
　　全色欲》(*PURE LUST*, 1984)。

　　世界上所有現存的宗教信仰,幾乎都是紮根於父權體制,而父權體制則是「施
虐／受虐」(S／M, sadism／masochism) 形式的延伸：中國婦女的纏足、守貞盡
節，非洲女性切除陰蒂、縫合陰道的手術，歐洲國家焚燒女巫的紀錄等，不僅顯
示出父權體制中男性的施虐性格，同時也傳達出仿如「戀屍癖」者的嗜好：女人
的自主容易引發男性的緊張，故男性真正需求的是一種如行屍走肉般無自主情欲
的女人。擺脫父權體制的具體方式是，女人應該以當豪放女為職志，亦即成為不
受男人管教約束的野女人，傾聽自己內在真實的聲音，解放女性的情感、情欲自
主，為性而性，不再受任何父權道德（為愛而性、為男人而偽裝）所束縛。

　　D. 夏洛蒂‧邦曲 (Charlotte Bunch, 1944～) 的 《反叛的女同性戀者》
　　(*LESBIANS IN REVOLT*, 1986)。

　　文化上陽剛陰柔的極別差異，是以男尊女卑為內容，逐步建構形成的社會機
制，它表現在婚姻形式上，就是只承認異性戀的合法化，而異性戀的整個存在、
定義與性質，其實都是完全以男性為優先的設置。換句話說，「性」是由男人所主
控，性之所在即是權力之所在，女人的性是為男人而存在：異性戀的規範、娼妓
行業、色情影片書刊等等，無不是為服務男人或從男人的角度發展。

　　因此，異性戀的女性主義者，不能算是合格的女性主義者，除非一位女性是
位女同性戀者，或終將成為一位女同性戀者，否則她之於女性主義的努力，即顯

得事倍功半，因為女同性戀者與男人沒有性的關聯，才能基進的、徹底的思考社會變革的可能，顛覆父權體制的諸種限制。所以，女性主義是理論，女同性戀才是具體的實踐活動，女同性戀應被理解成一革命性的拒絕行動，即對所有由男性訂定規矩、以男人為主的男性霸權文化的徹底拒絕。

(3)反省和批判

A. 攻擊父權體制只是初步的解析工具，不應自限於反叛中的二元對立，永遠與男人為敵。

B. 女性特質一定比男性特質可取的堅持，反而強化了「生物決定論」的主張；並且，女人的世界是和平，男人的世界是戰爭，並無事實根據。

C. 壓迫形式並非就是男壓迫女，有些地區種族與階級的壓迫可能遠甚於此，遇到這種情況時，與其解放其婦女，不如解決其種族與階級問題來得實際。

4. 精神分析女性主義 (Psychoanalytic Feminism)

(1)思想緣起和應用

佛洛依德的精神分析學有兩項主要的信條：「潛意識」和「性衝動」。潛意識用以說明人的精神人格結構，如下圖所示：

```
意識      超我 (superego) ——要求性、道德原則、義務
          自我 (ego)      ——組合性、實質理性、知理
                                        現實原則
                                          ↙
前意識……………………………………………效用觀念…………
                                          ↘
                                        快樂原則
潛意識    本我 (id)       ——衝動性、強烈情欲、性力 (libido)
```

　　性衝動則建立其「里比多」(libido) 的發展理論。"libido" 就拉丁字源的意義來看，有渴望、貪圖、性欲、色情作品等意，佛氏的里比多包含前面三者；若就實質意義而言，里比多是指「自體器官藉以完成其自身目的的本能力量」，這種本能不僅是營養、排泄的作用，尚包含性的欲望，後來佛氏甚至將身體各器官的本能力量，都視為具備性的意義，故把里比多稱為「性力」，一種潛藏著的生命創造力。里比多的發展有三個階段：

A. 第一個階段——「口欲期」（從出生三日起到一歲以前）→「肛欲期」（從一歲半到二歲）→「陽具欲期」（三歲左右，男童產生陰莖的驕傲，女童形成陰莖的妒羨）。

B. 第二個階段——「伊底帕斯情結」(Oedipus complex)（四歲到五歲左右，兒童依戀異性雙親的現象）。

C. 第三個階段——「潛伏期」（六～十一歲，里比多能量的潛伏期，伊底帕斯情結暫被凍結）→「青春發育期」（十一～十四歲，性器官趨於成熟，里比多進入生殖階段）→「青年期」（約十五～十八歲，青年人正常的婚戀）。

　　法國精神分析學家拉康 (Jacques Lacan, 1901～1981)，根據佛氏對陽具之可欲性與崇拜的假設，進一步分析男女童的性心理發展過程，認為男童因為在「超我」（他者、父親、父權結構、法律規範）的威脅下（閹割恐懼），較早脫離「本我」（依戀母親）狀態，而能建立「自我」意識；女童則因為沒有閹割恐懼，與母親有「延長共生」的情形，所以較難建立自我，更因陽具崇拜，而憎恨自己，也憎恨母親、憎恨女人，甚至期望生個男孩，以彌補自身的缺陷。這項論述，使得男性經由陽具，在象徵秩序中獲得權力與控制的位置，女性則被化約成陽具崇拜的效用：自卑、模仿、溫順。

　　有許多精神分析的女性主義者頗支持佛氏和拉康的主張，而致力於如何解決閹割恐懼和伊底帕斯情結上，認為如此一來，亦可同時改善女性普遍欠缺自信的情況，舒緩其憎女情結，然而亦有許多人即直接批評他們的見解，是男性沙文主義斷章取義的結果。

⑵代表人物和主張

A. 凱倫‧荷妮 (Karen Horney, 1885〜1952) 的 《女性心理學》 (*FEMININE PSYCHOLOGY*, 1973)。

心理分析理論在很多方面，常是依循分析者的假設而得出結果，因此關於佛洛依德將陽具之有無，視為男女性心理發展過程的關鍵，荷妮就認為，這不僅是一種假設，更是以男性之視野為準則的片面意見；反之，女性亦可以生殖能力取代陽具的重要性，建立其生理上的優越性，並用以解釋男女性心理發展過程的迥異現象。

因此，荷妮進一步指出，女性的自卑感並非來自於「缺少陽具」，而是對女性劣等社會地位的體認；女人也非「羨慕陽具」才想成為男人，而是希冀男人的社會控制權。換句話說，何謂「男」何謂「女」，不是植基於不變的生物性本身，而是不斷變化的社會觀念所形成；而女性的自卑自憐，乃是文化對生物性的利用之結果。

B. 南西‧喬德羅 (Nancy Chodorow, 1944〜) 的 《母職再造》 (*THE REPRODUCTION OF MOTHERING*, 1978)。

喬德羅雖接受伊底帕斯情結的理論，但拒絕「女人欲為人母乃是天賦本能」的說法，認為當女人長大到對事物能做判斷與選擇時，事實上她已被「陰性化」，「性別角色可被自由選擇」已不可能。喬德羅分析指出，從一開始，母育即已使女性陷入一種雙向操作之中：一方面母親鼓勵兒子異於自己的發展，以權勢、財富、父親作為陽性認同的標的；另一方面則強化母女之間的連結，女孩的自我意識因而模糊不清，它促成女性再生產為男性之附屬品的先決條件。所以，女人想當母親的欲望，是一種無意識的延長母職，並非個人意志的選擇，至於男人則沒有這種延伸的母女關係，他們因撫育過程中父親的經常缺席，以致形成對抽象的、理想的陽性角色之期許。

幼年養育經驗的改變對於父權體制的轉化是可行的，因此，喬德羅倡言必須貫徹「父母共同撫育下一代」的主張。男性在養育工作上的投注，不但可以解消「伊底帕斯情結」，改善父、母、孩三方面的心理發展，同時也可使男女兩性不再

極別化，男可溫柔，女可剛強，男女真正平等，也可為社會分工重新排列秩序。

　　C. 卡蘿‧吉莉康 (Carol Gilligan, 1936～) 的 《迴異之音》 (*IN A DIFFERENT VOICE*, 1982)。

　　男性心理學家郭爾堡 (Lawrence Kohlberg, 1927～1987)，曾提出兒童道德意識發展六階段說（趨賞避罰→互惠原則→團體認同→法律秩序→社會契約→道德原則），以解釋道德教育的認知過程。吉莉康認為，其主張是以男性立場為基礎，將男性的道德標準視為階段性的成長指標，男女既然有別，就應訂立不同的道德標準。

　　所以，吉莉康提出「女性道德發展三階段」說，另立女性道德成熟度的判準，即自我中心的「利己主義」→他人導向的「利他主義」→「人我交融」（完整的道德位階）。三階段標示出女性完善的德行培養目標，珍惜女性特質的完成形式，而不必向男性價值認同，或因達不到其要求而自覺不如。

　　D. 露西‧伊瑞格蕾 (Luce Irigaray, 1930～) 的 《非單數的這一性別》 (*THIS SEX WHICH IS NOT ONE*, 1985)。

　　法國精神分析學家伊瑞格蕾認為，「女性本能」 (female libido) 並不像佛氏所說是由缺乏所構成，因為事實上「女性性愛」(female sexuality) 就不同於「男性性愛」(male sexuality) 集中於陰莖之上，反而是呈現複數的表現，父權體制卻欲將男人的性需求內化成為女性情欲的依歸，致使女性喪失其多元、豐富的情欲本質。她認為，與男性單一的性快樂比較起來，女性就顯得具備複雜、多重的性器官：女性的性快樂不需要在「陰蒂的主動性」（退化的陰莖），和「陰道的被動性」（被喻為成熟的性愛）之間做選擇，兩者皆互不可替代的帶給女性快樂，並且它們也只是許多撫慰方式中的兩種而已。伊瑞格蕾甚至以「女性身上到處都是性器官」，來形容女性進化的成熟度，實已遠超出男性類似動物發洩的簡單形式，欠缺的反而是男性而非女性。

　　由於女性這種尋求多樣、異質性快樂的本能之影響，女性所使用的語言，也和男性直線式的、邏輯理性的語言迥然不同。伊瑞格蕾說，女性的語言是曲折的、複雜的、不連貫的，經常含藏著「弦外之音」(other meaning) 的，所以，當女人

訴說某事時，「所指之指，已非指也」，人們必須以不同的方式傾聽女性的語言。女性的語言總是處於不斷自我編織的過程，既擁抱語詞又擲棄出去，以避免被固定、被滯留、被定義，這種表達方式，一來具備挑戰以陽具為中心的社會秩序之意義，二來它也成為被壓抑的女性性愛的發言方式，讓主體的多元面貌充分顯現於實踐過程之中，而無須預先設定其本質的反本質主張。伊瑞格蕾不同於其他女性主義者之處，就在於她對女性情欲本能和女性書寫語言的肯定，而針對後項之論述，實已超出精神分析學的領域，顯見「解構主義」(deconstruction) 的身影。

(3)反省和批判

A. 只要女性生理存在的一天（包括月事及懷孕），女孩就一定會比男孩表現出更多對母親的認同，男孩則一定會與母親保持一定的距離，不為別的理由，就只因男孩與母親生理不同。所以，生物性別是一個無法忽視的根本差異。

B.「父母共同撫育下一代」的主張，無法解決「單親家庭」和「同性戀家庭」的育兒問題。

C. 吉莉康的分析，雖重新肯定女性特質，但也被批評為是「傳統奴顏」的再次伸張。

5.存在主義女性主義 (Existentialist Feminism)

(1)思想緣起和應用

在五〇年代女權運動的低潮時期，波娃的《第二性》(*THE SECOND SEX*, 1949) 可以說是此期間，眾人私下傳閱不絕的重要著作。波娃的言行舉止也讓人爭相仿效，人們相信，只要像波娃這麼特殊的女子存在，女性主義就永遠有希望。但波娃卻自稱《第二性》是哲學著作，而非女性主義作品，她甚至對十八世紀的女權運動不表認同，反而讚賞如喬治·桑 (George Sand, 1804～1876) 之類獨立自主、不結黨結派的自由作家。波娃如此坦率的表白，曾令追隨者極度不安，至於她和沙特之間的愛情神話，更有近人提出如下負面的評述：「波娃創作的『沙特神話』是『愛情不專但絕對誠實，沒有承諾卻永不分離』，但波娃不但用這個『完美

默契』的謊言來掩飾現實與願望之間的分裂，女權的獨立變成用更大的依賴性來換得，女人努力經營的『烏托邦』彷彿是完美的分裂世界。」(《中國時報》書評)

儘管如此，波娃的貢獻依然是不可抹煞的，她在《第二性》中探討的問題：一、性別差異的起源，二、性別差異衍生的不平等現象，三、兩性應如何共處之道，至今依然是女性主義論述的主要方向。

⑵代表人物和主張

波娃曾提出一句名言：「女人不是生成，而是形成的。」(One is not born, but rather becomes, a woman.) 反對本質論的主張，認為沒有固定不移的女性氣質，也沒有無可逆轉的女性宿命論。她在自傳中不斷反覆強調：「永遠不要指望別人，要靠自己，如果我無所事事，什麼也不幹，我自己就一文不值了！」「絕不虛度此生！」

她的《第二性》之主要內容可分成如下三點：

A. 存在 (existence)

對人類來說，存在就是再造存在，存在先於本質。波娃根據沙特的分析，亦將「存在」分為「自在的存有」(Being-in-itself) 和「自為的存有」(Being-for-itself)：前者指的是事物本身存在固有的特徵，不多不少、正好與其自身相符合的存在型態，這一部分為人類、動物、植物和礦物所共有；後者則是生動的、活潑的、意識的存在，只有人才擁有，所以人的存在絕不會剛好符合其自身，反而呈現不斷自我超越的可能。此兩種存在始終存在著辯證關係，前者固定不變，後者卻不斷超越，但必須有前者，後者才有寄託，亦即，我要看見我的身體才能自覺我的存在。

波娃認為，人存在於無法自做決定的處境中，直到人懂得以自覺意識做選擇後，才能彰顯其自身的本質。在女性的存在經驗方面，由於世界是由男性所主導，女性議題是隨著父權體制而起舞，所以女性之無法自主的困境更為明顯。現代女權運動的大張旗鼓，並非表示女人作為第二性的結構已產生變化，更遑論女人已經介入歷史，女性主義的成就，在她看來仍未見根本的改革。因為，法律和政治的變革，只是抽象的權力轉移，在心靈層面若沒有足夠的空間容納不斷的省思，

女人仍無法進入歷史、掌握世界。

B. 他者 (the other)

沙特主張，人是從看見他人的存在，從「他者」覺察「自我」的存在，人常反覆忖度「別人是怎麼看我的？」自我之主體性必須依賴他者的非主體性來完成，這也使得「他者成為羞恥感的來源」，為了平息不安情緒，人於是「慣於自欺」。

波娃進一步將他者的意義貫徹到男女關係中，她指出，男人已將自己命名為「自我」，將女人貶抑為「他者」。當一個人取消了自我，僅在別人的眼光裡才能辨識自己的面貌時，失去主體性宛如客體的存在，就注定要隨著別人的要求行動，沒有自己的需求、意見，為迎合別人而戰戰兢兢、汲汲營營，這無異於自限於地獄，所以波娃說：「他者便是地獄。」她認為，女性應從幼教著手，訓練她們一如男人有樂觀進取的態度，去面對世界做出選擇，建立主體的自覺意識。

C. 壞信念 (false consciousness)

人類文化慣常以男性作為「典範」以衡量女人，女人被視為客體而非主體的存在，波娃引用畢達哥拉斯 (Pythagoras, 582?～500?B.C.) 之語即是：「世界有兩種原則，善原則製造光明、希望與男人；惡原則製造黑暗、陰霾與女人。」男人依自己的需求刻劃出「壞女人」（紅玫瑰）和「好女人」（白玫瑰）兩極化的區分，並製造許多女性的神話，例如「女人如同自然（危險的、喜怒無常的）」、「男性具備創造力，女人則穩如大地」……。如果女人對男人所塑造的神話嗤之以鼻，當然就難以發揮作用，但由於男人是權力的擁有者，為討好他們，女人反將神話內化成女人自身應該擁有的特質，不自覺的把男人的眼光內化成為自我選擇的主因，形成自欺的壞信念。

常聽到一句話說：「我是家庭主婦，但我從不覺得低人一等。」波娃認為這就是一種壞信念，因為「家庭主婦」本身就是一個被貶抑的處境，女人害怕選擇後需要面對虛無、焦慮的狀況，於是甘願處在為他者而活的安全感中。壞信念有自欺、錯覺之意，沙特對於自欺，曾舉過精采的例子，即「完美侍者」和「年輕女子」的自欺形式。前者以機械式的完美角色，來躲避自我抉擇的痛苦；後者則描述一個約會中的女子，無法在繼續交往或回絕對方中做出決定時，顧左右而言他，

故意不理會已被男子牽握的手，將手他者化，不自覺自己的手之存在。

　　經由上述之分析，波娃強調，從史前時代開始，由於女性有生殖能力而導致性別分工，分配給女人的大致是維持、重複性（如家務）的工作，男性則多半擔當冒險性、創造性的工作，使得千百年來女性幾乎在歷史中缺席；而現代一般女性也經常將一生最精華的歲月，投注在「捕捉金龜婿」上，一旦結婚則又致力於如何鞏固婚姻，妻子的角色阻礙女性的自由與發展。所以，女人之解放首從「子宮」開始。她進一步分析說，在男女交媾行為中，精子一旦離開男性成一異己後，男人的自我主體性迅速恢復，女人的卵子卻被精子侵入而造成異化，使女人既是自己又不是自己，在自我的重建上顯然比男人困難。生理差異雖非決定女性命運的必要條件，但卻造成女性在社會上的特殊處境，所以，女性自我解放的第一步，當然從肚子開始。其次，波娃鼓勵女人必須成為知識分子，並謀求經濟上的獨立，才可望能在未來參與撰寫歷史的偉大工程。

　　波娃之後，存在主義女性主義的具體傳人並不明顯，因為存在主義本身已廣被接納為人生哲學，成為普遍的看法，而波娃對於女性的見解，也同樣早已被各類女性主義所吸收，成為論述的基軸。

　　(3)反省和批判

　　A. 哲學作品容易遭到不切實際、太過抽象的批評，波娃理論過度艱澀，一般婦女很難理解，所以，也常被譏諷為是哲學家關在象牙塔裡的沉思。

　　B. 二十世紀的女性主義，不但強調男女性別差異，也同時肯定女性自身的特質，這與波娃顯然大異其趣，波娃對女性生殖能力的拒絕，實導源於她對女體的排斥與負面評價（例如，視月事為麻煩、負擔）。

　　C. 波娃對男性幾乎是從不要求，甚至被指責為過分認同男性價值，與對男性性格難以掩飾的讚賞。

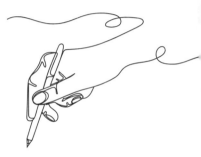

附　錄

中國歷史上女性角色
的演變及其未來發展

　　法國存在主義思想家波娃曾在自傳中提到：她從來沒有因為自己是個女人而覺得低人一等，男人與女人之所以不同，純粹是一種文化現象，文化既為人類自己所創，自當也可為另一種文化所推翻。自從「女性主義」(Feminism) 興起以來，對於男女兩性角色的探討，在今天已經開闢出一片園地，不論其中的立說如何繁雜，東西方的見解有何差異，它們都離不開兩個基本的問題型態：一是「女人究竟是什麼？」二是「女人到底要什麼？」波娃從文化上的因素去解釋女性角色被形塑的過程，藉以破解兩性社會的諸種迷思，為女性的自我發展，建立另一種可能的向度；反觀中國的歷史文化，我們同樣也可以從中找到被特有的文化所塑造出來的女性典範，它傳播出女人就是什麼的概念，從而讓我們接受女人要的就是什麼的模式。本文擬從此處出發，扼要說明中國文化中女性角色的特殊性質，以指明傳統在女性身上所斧鑿出現的刻板印象，繼而以近代女性主義的學說要點，為今日的婦女同胞到底需要什麼之問題，提出一個嘗試性的解答。

一、傳統文化中的女人

　　在傳統的中國文化裡，孟子曾經以「居天下之廣居，立天下之正位，行天下

之大道」（《孟子‧滕文公下》）勾勒出「大丈夫」的形象，至於女人呢？女人大致說來就是欠缺大丈夫性格的「小女子」。這兩類印象的對立組合，並非為男女兩性的本性所固有，文化上的塑造是主要的形成原因。

1.從《易經》思想發端

　　《易經‧繫辭上傳》開宗明義言：「天尊地卑，乾坤定矣。卑高以陳，貴賤位矣。動靜有常，剛柔斷矣。」以乾為天，為純陽之卦，象徵尊貴與剛健，動為其常性；乾坤對待，坤為地，為純陰之卦，象徵卑下與柔順，以靜為常性。〈說卦傳〉云：「乾，天也，故稱乎父。坤，地也，故稱乎母。」又云：「乾為天，為圜，為君，為父，為王，……。坤為地，為母，……。」〈家人〉象曰：「家人，女正位乎內，男正位乎外。男女正，天地之大義也。家人有嚴君焉，父母之謂也。父父子子，兄兄弟弟，夫夫婦婦，而家道正，正家而天下定矣。」易首乾坤，以乾坤之義定男尊女卑之名，尊卑之分，由此而來。天道為乾，地道為坤，乾為陽，坤為陰，陽成男，陰成女，故男性應該剛強，女性應該柔順，男子是主動積極的，女子則是被動消極，陽剛陰柔，因此而定。乾為天、為父，坤為地、為母，一家之中，子視父母皆為其尊長，然父親在子對母不能伸其私尊，所以，父親才是一家之長、家中至尊，母親應該統帥家中其他成員服從父親的領導。父、夫、男人是家中的統治者，子、婦、女人是被統治者，如此分理陰陽，教化成俗，內外和順，天下就可得治。

　　眾所周知，《易經》強調陰陽合和、剛柔相濟的原理。《易經》上的卦，陽卦多陰，陰卦多陽，例如〈復〉（震下坤上）為陽卦，只有主爻一爻為陽其餘為陰；又〈姤〉（巽下乾上）為陰卦，只有主爻一爻為陰其餘皆陽。這是以陽剛入於坤柔體內（〈復卦〉），以陰柔入於乾剛體內（〈姤卦〉）的剛柔相濟之理。舉凡宇宙萬物，其能生生不息、不斷發展，皆是得力於這個原理，所謂「剛柔相推而生變化」（〈繫辭上傳〉）。將這個原理應用於人事猶見其重要，生命的延續不輟與社會的和諧進步，正是有賴於男女各守其分，尊卑分明，一如陰陽之理，男主陽剛女主陰柔，相反卻相生相成，剛柔相濟，因此「一陰一陽之謂道。繼之者善也，成之者

性也」（〈繫辭上傳〉）。中國傳統社會中，陽剛陰柔、男尊女卑、父嚴母慈的雛形肇端於此，但這個粗糙的理論之所以能成為嚴密紮實的宰制力量，則要溯因於禮教文化的形成。

2.從禮教文化盤根

　　乾坤陰陽的觀念在最初並不是那麼具體的成為支配人倫的哲理，惟自周朝以降，「宗法精神」的形成，規定於制度，筆之於詩書，久而久之深入人心，乃成為中國社會盤根錯節、難以撼動的潛在勢力。所謂「宗法」，意指嫡系長子繼承的制度。宗為祖廟，主祭者為宗子，即嫡長子，它以家族為單位，無論天子或平民皆循此精神，尊嫡立嗣。這種建立在宗法精神上的社會，實際是一個以父系之家族系統為主的社會，家族內統於一尊，由父而子，子而孫，子子孫孫，一系相承，期於不絕。男子因負有傳宗之使命，其地位之重要乃逐漸衍生出重男輕女的觀念，並在易理中尋得男尊女卑的理論基礎，而進一步加以演繹發揚。此外宗法社會的嫡庶之分，在於母親而非父親，如為妻所出則為嫡子，為妾所生則為庶子，為免嫡妻無子系統中斷，所以男子可以擁有無數的小妾，無嫡有庶，可以立庶繼承，以免絕後。家中成員既然眾多，為維護彼此之間的和平共處，也為避免女人出軌以亂本根，所以女人的安守本分、溫柔順從，乃是成全父系正統的必然要求，它借助於陽剛陰柔的原理而逐漸成為理所當然的規範。

　　⑴教以婦順

　　宗法制度以「子」相傳，婦人非子，子是男子的專稱，他是傳宗接代的主體，女人是寄生且依戀於男子底下，《白虎通‧嫁娶》云：「男女者，何謂也？男者任也，任功業也；女者如也，從如人也。……夫婦者，何謂也？夫者扶也，扶以人道者也；婦者服也，服於家事，事人者也。」女人是要服從男人接受男人統治的，所以「女子無才便是德」、「女人識字多誨淫」，無知無識，唯夫命是從，是女人的美德。按照陽統陰、陰服從於陽的陰陽之理來看，女人自己根本無獨立性可言，「陰卑不得自專，就陽而成之」（《白虎通‧嫁娶》），女人的一生幾乎都是依附在男人身上，「幼從父兄，嫁從夫，夫死從子」（《禮記‧郊特牲》）。

　　為維護家族制度而制禮立說，不但顯示出男女地位的懸殊，且禮教越來越繁縟的結果，究其實是對女子之順服更加極端的要求。所謂「婦順者，順於舅姑，和於室人，而后當於夫，以成絲麻布帛之事，以審守委積蓋藏。是故婦順備而后內和理，內和理而后家可長久也，故聖王重之」（《禮記‧昏義》）。嚴父慈母的角色從此定型成為傳統的家庭型態，父權之大，不但擁有懲罰、生殺之權❶，也可以出賣其妻妾子女，或將他們當作抵押品以償還債務，更總攬家中的經濟大權，「子婦無私貨，無私畜，無私器，不敢私假，不敢私與」（《禮記‧內則》），一切俸祿收入，盡歸家長處理分配。

　　因此，教導女人「婦德、婦言、婦容、婦功」以便利女人學習事人，服從男人的領導，這不僅是禮教的規定，更是父母必須耳提面命、從小教育，社會必須督促責成的倫理道德。

　　⑵男女有別

　　宗法社會的理論精義建立在「三綱」之說上，即「君為臣綱，父為子綱，夫為妻綱」的禮教規範，後人將天地、陰陽的關係附會於三綱，以強調它的主從地位之合理性，所謂「君臣父子夫婦六人也，所以稱三綱何？一陰一陽謂之道，陽得陰而成，陰得陽而序，剛柔相配，故六人為三綱」（《白虎通‧三綱六紀》）。三綱中君臣、父子、夫婦的關係是尊卑分明，猶如天道中的陰陽關係，相反相成，剛柔相配的。三綱中這種天經地義的尊卑關係，必須以上下有別、各守其分的方式去貫徹，其中夫婦的關係尤其重要，因為它是一切倫常的基礎。「女正位乎內，男正位乎外」，男主外、女主內，男女有別，各有其分，這樣的觀念必須從小開始灌輸培養。所以，男女從幼年開始就分受不同的教養，男子可出外闖蕩，女子則不能隨便拋頭露面，要深處閨房，承受母教。內外分明，不得逾越，「禮，始於謹夫婦，為宮室、辨內外。男子居外，女子居內，深宮固門，閽寺守之，男不入，女不出」（《禮記‧內則》），嚴設禮教之防，以示男女有別。《禮記‧內則》中更指

---

❶　例如，古代有齊易牙者，殺其子以做羹湯，眾人斥責他殘忍，桓公卻稱其無罪，理由是，父之殺子，無傷於義。

出，從七歲開始就得「男女不同席，不共食」、「外內不共井，不共湢浴，不通寢席，不通乞假，男女不通衣裳」，將男女區分開來，並且教導他們各守其分，「男不言內，女不言外」、「內言不出，外言不入」。

嚴守男女大防的結果，實際是對女性的片面限制，女性被狹限於深閨之中，失去政治、經濟的地位，對男人無從瞭解、無從比較，對外在世界冷漠淡然、盲昧無知，這不但是女性自身命運的徹底喪權，也是女人仰慕男人，將自己的命運和希望寄託於男人身上的主因。

(3)守貞盡節

周朝制禮之初，即以男子為中心，迫令女子遵守片面貞操的觀念，以免亂倫紀、亂宗支，而傳之古聖先賢們，也多著書立說、穿鑿附會，責成婦女守貞盡節，加強禮教的規範。例如，西漢劉向的《列女傳》、東漢班昭的《女誡》，是最早也是影響最廣的專論女教之作。尤其是班昭的《女誡》，把婦女的「三從四德」之說發揮得淋漓盡致，是一套相當有系統的灌輸男尊女卑之觀念的著作。婦人的卑弱，是全書的立論中心，「陰陽殊性，男女異行。陽以剛為德，陰以柔為用，男以強為貴，女以弱為美」（《女誡‧敬慎》），由此再延伸出對女性的諸種範限與德行要求，特別是在守貞盡節方面，也費力著墨，大力鼓吹。

所謂「貞節」，就如同「忠臣不事二君」般，強調「烈女不事二夫」的觀念。女性的貞節是為其丈夫所獨佔，「夫有再娶之義，婦無二適之文」（《女誡‧夫婦》）。婦之於夫，不但視之如天，不可逃、不可離，而且要服從他、侍奉他，對他忠貞不二，即使夫亡亦不得隨意改嫁。貞節是女性的專利，也是對女性最高的評價，「餓死事小，失節事大」，於是，手臂被男子觸引，就舉斧斷臂，以表節烈❷，被男人以言語戲弄，就投河自盡，以示堅貞❸。情勢、時代不同，行為卻如

---

❷ 五代虢州司戶參軍王凝之妻李氏，憤旅店主人拒其投宿，牽她手臂要她離開，竟不惜斷臂戕生，以示對丈夫之忠誠。

❸ 這是一則有名的「秋胡戲妻」之故事，魯人秋胡，結婚三日就從軍戍守邊疆，十年後返家途中，臨時起意戲弄路邊的採桑婦，此婦因其戲言竟投河自盡，不料她正是秋胡之妻。

此驚人的一致，女人的生命因困守禮教而變得緊張脆弱，但也因世人的旌表節烈，更反襯出婦女奉行禮教的堅毅信念。

外在禮教規範在父權社會不斷鼓勵與強化下，早已落根為內在深層的心理結構，就以今日社會來看，許多男性常以貞操觀念已經落伍的託辭來鼓勵女性解除武裝，但是打破「貞女烈婦」的荒誕，或拆解「處女崇拜」的圖騰，除了讓男人更可以隨心所欲的逢場作戲外，女人對於非「完璧之身」的自卑陰影，依然會殘存在日後與非同一男人的婚姻生活中。貞操觀念的解放，絕不是行為態度的改變即能臻至，如何從對傳統文化的認同中覺醒才是首要針砭之處。

3.從法律制度規範

男尊女卑的文化型態，透過法律制度的建立，更加牢不可破。

從出生之時的待遇說起，生男可繼承香火，是載寢之床，故曰「弄璋」，生女只是傳宗接代的工具，是載寢之地，故曰「弄瓦」，宗法觀念使古代「溺女」之事屢見不鮮，因此，元代特為此設立溺女之禁令❹。次就財產的繼承而言，「唐宋元明暨清代法律關於財產之繼承，只承認嫡庶子男分析家財，除嫁資外，女子未有明文規定」❺。女子經濟權沒有保障，生命權也附屬在父兄的命運上，「一家之中父兄犯罪，其女或姊妹均不免方誅累」❻。

就夫婦之間的關係而言，「夫婦間彼此之犯罪，其處罰以不相平等為原則。即夫犯妻者，其處罰較夫犯一般人為輕；而妻犯夫者，則較妻犯一般人為重」❼。若是妻毆打夫之父母，其罪也較夫之毆打父母為重❽，而且也可能因此而被強制離婚❾，夫妻之間的不平等，在法律條文方面昭然若揭。此外守貞盡節的觀念，

---

❹ 參見趙鳳喈著，《中國婦女在法律上之地位》，臺北，食貨出版社，1977，再版，頁六。

❺ 同上，頁十二。

❻ 同上，頁十六。

❼ 同上，頁六二。

❽ 同上，頁七〇～七一。

也透過法治之干涉與獎勵，成為天經地義的善良風俗，西元前 58 年（漢神爵四年）就曾詔賜「貞婦順女帛」，是有史以來第一次褒獎貞順❿，各個朝代也幾乎都有表彰貞女烈婦的記載，在清代時，連「未婚夫死，聞訃自盡者」及「未婚夫死，哭往夫家守節者」，都在表揚之列。

「男主外女主內」的禮教規範，形成女子與社會的隔絕與對政治的冷漠，所以，在中國，女子為皇帝者，僅有上古神話時期的女媧氏，和篡唐為周的武則天。雖然歷代沒有明文規定女子不得參政，但事實上，卻是已成共同墨守的禁令。女人不得拋頭露面，不得與男性爭權，她們的社會地位是從其夫而定的，「凡婦人無爵，從其夫之爵位」（《禮記‧雜記上》），或者因其夫、子或孫的品官高低而封贈，「妻以夫為貴」的觀念循此衍生。凡此種種，皆是法律制度的實際規範，它助長禮教文化所宣揚的價值觀念，更加烙印於人心。

4.從生理結構形塑

陽剛陰柔的觀念也從男女兩性的生理結構，推論到人格特質的表現上。

從生理結構來看，男人顯然比女人高大、壯碩、肩膀寬厚、肌肉發達，女人則相對的體型較為嬌小、手腳纖細、肌膚細膩。根據醫學上的研究指出，男人不僅在外表上比女人魁梧，其內臟也比較大、比較重，新陳代謝的速度也較快，因此男人需要較多的食物，其蓄積潛在能源的力量因而提高，所以男人顯得孔武有力是有其原因的。男女兩性不論就身材比例、第一第二性徵，或從生理學、解剖學上來看，都有著明顯的不同，此雖為不爭的事實，但不能因此而類推到精神、心理方面的差異上。換句話說，男人的肌肉較為發達，並不意味著在性格上就比女人剛強，在智力的發展上也比女人進步。

目前針對男女兩性的差異研究，傾向以兩種方式區分，一是指生物學上的差別，簡稱之為「性別」(sex)，一是指文化上的或心理上的差別，簡稱之為「極別」

---

❾　同上，頁五二～五三。

❿　參見陳東原著，《中國婦女生活史》，臺北，河洛圖書出版社，1979，頁四五。

(gender)。

　　首先，就「性別」而言，男女兩性在生物學上的差別是多層次的，但不管從哪一方面解剖分析，都不能證明叔本華說的：大自然偏愛男性，給男性較高的智力、體格，甚至外貌，女性則是發育不良的劣質性別。

　　⑴在遺傳學上

　　男女性染色體和性染色質的不同是最根本的差別。人有二十二對（四十四個）常染色體，和一對 （二個） 性染色體，女性的基因型是 XX，男性的基因型是 XY。女性卵子都載有 X 染色體，男性精子則載有 X 或 Y 染色體，研究顯示：

　　X 染色體：體積大、游動慢、壽命長。

　　Y 染色體：體積小、游動快、壽命短。

　　⑵在性腺上

　　男性為睪丸，女性為卵巢，它們決定男女在其他生殖器上（男性為輸精管、精囊、前列腺、陰莖、陰囊，女性為輸卵管、子宮、陰道、陰蒂），和第二性徵（男性體格，女性曲線）上的差異。

　　⑶在性激素上

　　性激素是雄激素（男體多）、雌激素（女體多），和孕激素三者的總稱，遺傳上和性腺上的差別，是通過性激素的作用來實現其對性發育和性生殖的影響。

　　以上生物性的區別，只能說明男女有別，並不能做價值性的分判。其次，就「極別」來看，男女兩性在文化上的差別也是多樣的，能夠清楚顯示確實的差別不但有限，且也因近來女性主義帶來的社會變革，個體的多元發展早已打破許多既定的印象。例如，一般認為，女性的語言表達較好，男性的數學能力較高，女性較乖巧聽話，男性較喜競爭支配等等，已有許多專論指出，這歸因於社會化的結果比認定是生物性的決定要有意義，換句話說，透過社會要求的轉變，男女的性別差異也會跟著轉變。一些有趣的研究，可以用來比較一般人的錯誤認知與事實的差距，甚至可用來說明，「弱者」並非女性的專有名詞。

　　⑴女性的忍痛力較男性為強

　　一般人都先入為主的認為女生怕痛，事實上，女性對輕微疼痛的反應的確較

男性強烈，但真正遇到痛徹心肺的痛苦時，例如生產，女性卻反而顯現無比驚人的忍痛力。有項醫學臨床報導指出，男性流失全血液量的三分之一時即會死亡，女性則可以到超過二分之一時才會死亡。

⑵女性比男性更能抵抗飢寒

女性的皮下脂肪就像天然的斗篷，能夠保護人體抵禦寒冷，且女性體型通常較男性為小，體積平均比男性少17%，只需少量食物便能存活，所以如果遇到暴風雪，女性抵抗寒冷和忍耐飢餓的能力會強過男性，活命的機率相對就較大。

⑶女性較男性更能適應環境

以老鼠和兔子做實驗品的實驗顯示，為比較裹上石膏後動物的肌肉發展狀況所做的實驗中，雄性一旦被裹上石膏後，便不停的想要咬掉石膏掙脫束縛，雌性則在略做掙扎後即接受事實開始覓食，因此在實驗中死亡的以雄性居多。

⑷男性較易罹患先天性疾病

男性因為不像女性有備用的 X 染色體，一旦一個基因發生問題時就難以補救，所以，不論是「自閉症」、「難語症」、「過動兒」等等，罹患重症的比例都比女性高，壽命平均也比女人短。

「女性才是強者」，並不能從以上這些說明獲得支持，因為有些理論仍屬研究階段，有很多的例外影響理論的可靠性，甚至取樣的局限也可能造成研究成果的偏頗，不過，這些論述卻也能一新耳目，讓人重新正視女性的潛能，修正對女性長久以來的歧視。由於父母對男孩的教育傾向「期望型」，對女孩則是「保護型」的，加上男女因性別的差異造成性心理發展的歧異，都使得男性的自我意識發展較女性早也較明確⓫，所以，我們不但應改變傳統對女性的錯誤認知，更應在教

⓫ 根據佛洛依德的《性學三論》(*THREE CONTRIBUTIONS TO THE THEORY OF SEXUALITY*)，以及後來精神分析學派的分析，男女性心理發展的首要關鍵，在於兒童對於「伊底帕斯情結」和「閹割癥結」解決方式的不同，男童因有害怕被父親閹割之恐懼，故能內化父親所代表的社會價值，在「本我」和「超我」的衝突過程中建立「自我」意識，女童則欠缺陽具可被閹割，因此始終與母親共生而未能感受自我。

育上視個別能力因材施教，而非因性別而產生不同的對待。

5.從藝術作品渲染

　　男女性別外在線條的剛柔對照，在成為各項藝術作品的創作題材後，更合理化文化中的性別規範。例如，在戲劇上，男子威風凜凜的裝扮，女子柔順賢淑的公開示範；在雕塑、繪畫上，男子的外貌大多是體態剛健的，與虎、豹同其象徵，代表力量與權勢，女性則以展示柔美的曲線為主，表現嫵媚、典雅、賞心悅目的和諧之美。這種創作上的表面取樣，在日常生活中的反覆再現，乃從欣賞的角度逐步深化成男女理想的永恆形象。

　　文學作品也常見到對男尊女卑之觀念的極度誇張與渲染，它們在潛移默化中，不但助長傳統禮教文化的影響力，更使婦女的形象遭受扭曲。例如，歷史上夏桀因寵愛妹喜，為她築瑤臺、建瓊宮、造酒池，而以暴虐荒淫之名遺臭千古；商紂王設炮烙之刑，藉囚犯的體膚之苦以博取妲己一笑，終為文王、武王的「仁義之師」取而代之；周朝不幸也同樣出現一位足以迷亂君王的大美女褒姒，使得幽王亦難逃眾叛親離、天下崩裂的命運。這是史家主觀記錄的歷史，它們在許多作品中經常並列出現，或是奉勸人君，或是警惕世人，無非是在強調「女人是禍水」的歷史見證，督促人們女人如不善加管教，易惹禍端。

　　女人形象受到扭曲，是多管齊下的。傳說中的洛神，有閉月羞花之貌、沉魚落雁之姿；唐朝的楊貴妃，李白讚揚她美如白雲、花朵、春風、瑤臺仙女，白居易形容得更傳神，說她「回眸一笑百媚生，六宮粉黛無顏色」，她嫵媚動人令玄宗「春宵苦短日高起，從此君王不早朝」；明末蘇州名妓陳圓圓，美豔絕倫、傾國傾城，冒辟疆在《影梅菴憶語》中描述道：「其人淡而韻，盈盈冉冉，衣椒繭，時背顧湘裙，真如孤鸞之在煙霧。」從這些文人的讚嘆中，可以嗅聞出男性的審美標準：美女是出塵絕俗、不食人間煙火的神仙佳人；是風姿綽約、千嬌百媚的狐狸精；是溫柔飄逸、孤高清雅的夢中情人。這些描述，實在說來，期望的成分多於事實的陳述，在以男性為主的社會中，不但造成女性竭力隱藏自己的真性情，紛紛效顰，也催生出「女人是玩物」的觀念。以至於，清初李笠翁竟然囂張的以男

性立場大談女性美為何物，公開表示「美人是五官四體皆為人設的」**⓬**，從皮膚顏色、眉目濃淡潤澤、手腳纖細無骨等等，描述女人的姿色容貌，強調女人嫵媚柔順的重要。這不但是對女性人格美的漠視，更使生活在男性威權主義下的女人，不得不趨附於這些價值觀，而掩飾自己原有的盼望。

二、近代中國的婦運

從以上五個面向來看，傳統文化中的女人，已有其根深柢固的形象，女人真正的特質也在文化泥漿的粉飾中喪失其原有的意義。就歷史的軌跡觀察，這些傳統上的偏執與桎梏，在明末清初，由於西方現代思想的衝擊而出現轉機。1882年，由康有為、康廣仁兄弟先後於廣東、上海創立的「不纏足會」首先揭開其端。其後，西方教會在中國廣興女學堂帶動此一風潮，新時代兒女紛紛扛起救國、建國的旗幟，鼓吹新思想，推動新觀念，女性主義倡導的女權運動，成為這個時期的熱門話題之一。然而，如果我們仔細探究，將不難發現，明清之際的女權運動，究其實仍然是站在父權意識下所做的考量，是父系利益的延伸，並非真正以女性意識為後盾的改革。以當時鼓吹最力的梁啟超為例，在他所著的〈論女學〉一文中，他提出興女學的目的主要有四個意義**⓭**：

⑴「凡一國之人，必當使之人人各有職業，各能自養，則國大治」，而今卻是「女子二萬萬，全屬分利，而無一生利者」，所以，為減輕男人的負擔，需要培養女子的職業技能，以便累積民富，民富則可望國強。

⑵為學可以「內之以拓其心胸，外之以助其生計」，女子因為沒有接受教育，欠缺這方面的薰陶，所以造成「家庭之間，終日不安，入室則愀，靜居斯歎，此其損人靈魂，短人志氣」，即使是豪傑倜儻之士，長年累月下來，也會「志量局

⓬ 參見陳東原著，〈男子眼中的女性美〉，收錄在李又寧、張玉法主編之《近代中國女權運動史料（上冊）》，臺北，傳記文學出版社，1975，頁一。

⓭ 此文亦收錄於前書中，頁五四九～五五五。

瑣，才氣消磨」。因此，教化女子，可免婦人之拖累男子。

⑶「治天下之大本二，日正人心，廣人才，而二者之本，必自蒙養始，蒙養之本，必自母教始，母教之本，必自婦學始，故婦學實天下存亡強弱之大原也。」這是以婦學來提升母教，以母教來正人心、廣人才。

⑷一個國家想要擁有強兵，莫不令其「國中婦人，一律習體操，以為必如是，然後所生之子，膚革充盈，筋力強壯也」，所以「婦學為保種之權輿也」。

從以上四個理由看來，女子求學、強身、就業，是為了要保教、保種、保國，這並非女性意識的伸張，女人非但沒有因此獲得解放，反而更加深女性本身的可利用性。換句話說，在自由、平等的名目下，其實是婦女資源的重新發現，強調女性地位的重要及教育女人，是為使她們更能扮演賢妻良母的角色，更有增產報國、富國強兵的能力，至於傳統性別角色的社會結構，並沒有太大的改變。

清末民初，少數覺醒的婦女開始意識到傳統中重男輕女、男尊女卑的觀念，才是女人真正要突破的框限，她們開始以女性的觀點出發，組織婦女團體、發行刊物、著書立說，積極爭取教育機會的均等，要求自身經濟上的獨立，以及反對片面貞操、強調婚姻的自主性，並且更進一步爭取女子參政權。女人拋頭露面爭取權力的抗爭透過婦女團體的大結合，以一連串的開會、演說、宣言、請願等運動，在民國初年產生許多有利的回應；然而，由於本身基礎不夠穩定，加上社會條件尚未成熟，婦女問題雖獲得部分解決，但是父權社會的宰制力量，卻反而化暗為明，以更迂迴的方式護衛男性的利益。加上今天社會問題層出不窮，已有許多人（包括女人在內），明白表示對女權運動的排斥與厭惡，他們不希望女性主義肆無忌憚的繼續發展，高呼女人的舞臺在家庭，把成功的女人定位在輔助先生的事業，教養傑出的子女上，失去這兩者的女人依然是被視為有殘缺的女人，女性主義者常意味著愛情、婚姻不得意的女人之代名詞。

三、兩性教育的新方向

梁啟超對富國強兵始於婦女受教確是的論，但婦女受教的意義不僅僅只在於

相夫教子上更能提升品質而已，主要乃是可藉此激發女性的自覺意識、實現自我。

1.加強女性自覺意識

　　一般人的行為舉止，常常是一種習慣性的反應，很少認真去分析行為的動因，所以，自欺不但可能而且是常見的現象；此外，如果是審慎考慮後的行動，也可能在付諸實現的當下，完全背離理性的選擇，因為，行動者在行為的當時所最強烈感受到的，一定是該行動的所有利益已勝過平時的一切考慮。為了避免此類的懊惱悔恨不斷發生，預見事件發生的後果，而在行動上努力促成或極力避免的自覺意識，是必須不斷用功加強的。經常性的審視自己的行為，以遠離一種機械狀態，給予自己的行動有明確的交代、完整的理由，那麼更自主、自信的人格可以如此培養成形，且為自己帶來更寬廣、穩健的人生視野。人類性格的完善，在於盡可能的達到完全自覺的境界，以往這是屬於男人才可盼望的特權，現在女性主義也不斷強調女人在這方面的可能性，甚至是無分性別、任何個體未來的發展方向。一如臺灣倡導女性主義的先鋒呂秀蓮女士的口號：「先做人，再做男人或女人。」社會資源應該盡可能的分配給所有的居民，消除性別偏見，讓每一個人都有實現自我的機會。

　　今天以女性作為主要訴求的對象，是因為女性在傳統中的角色承受較多的壓抑，女性的自我設限亦較為嚴重，所以，提升社會整體性的女性自覺乃有其必要。有鑑於此，現代女性在分析自己的性向、開發個人的潛能、培養獨特的品味上，應當視之為當務之急而勤加琢磨陶鍊，不是刻意隱藏自己的性別，也不是以模仿男人作為解放，而是去尋找自我、實現自我。事實上，一個將自己的角色限制於家庭中，或長年累月任勞任怨充當男人影子的女人，反而是社會問題的潛在危機。因為一個未曾保有「自我」的女人，易將全部的注意力擺在先生及子女的身上，對他們產生過度的期望，形成對方的壓力，女人自己也容易變得嘮嘮叨叨、惹人厭煩；相反的，一個懂得經營自我領域的女人，在人格特質的表現上，比較會顯現出平穩自信、圓融輕鬆的態度。常言道，擁有自我的人比較有能力帶給別人歡樂，所以，擁有自我、實現自我，不但是為了女人自己，也可以說是為了別人。

2.落實兩性平等教育

在私人領域裡，原本被教育要認命的婦女，一旦接受女性主義的洗禮，自覺意識提升，那麼，如果她們急欲追求自我實現的熱誠，遠超過家中其他成員的認知腳步時，將如何去平衡成長的喜悅與家庭和諧之間的衝突？臺灣地區離婚率的逐年升高，已反映出這個問題的嚴重性。婦女問題的諮商專家針對此一現象，已有許多切中時弊的解決方案，但真正的癥結是，社會表面現象的改變，並不能撼動文化深植於人心的偏見。例如，「重男輕女」的觀念今天雖見改善，卻仍然還是社會普遍存在的價值觀念；而對於願意顛倒「男主外女主內」的夫婦來說，在面對親友時仍有難以啟齒的心理壓力。所以，落實兩性平等教育，從根本觀念徹底革新做起，才是釜底抽薪的方法。在無分性別的真正平等，各盡其能、各司其職，只考慮個人適當的發展，沒有性別束縛存在的理想尚未實現時，慎選另一半是目前女性婚前的首要責任，這樣婚後才有可能獲得配偶的體諒與支持，建立與對方同步成長的基礎。

至於在公共領域裡，制度的改革與推動，更有賴於男性的大力幫助。自從西方的女權思想波及本土後，男性的觀察、體驗與著書立說，率先為女性受壓迫的形式發出不平之鳴，他們所傳達的問題感，把普遍潛存於社會中的婦女問題公諸於世，因此，在女權運動的發展上，男性的聲音雖然仍見與女性切身問題的隔閡，但依然有其不可抹煞的重要貢獻。我國已發展一百多年的婦運，在社會制度的改革與推動上仍然有待努力，男女同工不同酬、升遷管道的不平等、照顧老人小孩的責任等等，還要繼續尋求改善❶。如果社會能夠全面建立共識，從家庭生活、學校教育、社會制度、國家政策多方面入手，倡導兩性平等的觀念，讓男女都能享有同樣的獨立自主權，擁有實現自我的同等機會，幫助女性解決實際的困難，透過立法保障婦女權益，改善她們的社會福利，那麼，無論是在個體的自我發展或社會價值的實現方面，一個能夠兼顧整體性與包容性的兩性社會，才可望能夠真正實現。其實，女人解放的同時也是男人解放的契機，傳統社會加諸在女人身上的束縛，也加深男人的沉重負擔，性別的刻板印象，只會讓男女雙方活在莫須有的期望中，如何適才適性（個性）的發展，才是我們應該考量的方向。

（輔仁大學學術交流中心主辦「兩岸學術研討會」發表之論文，

1993 年 6 月 19～22 日於花蓮）

⑭　　　　　　**臺灣地區男女就業者在各項職業上的人數比較表**

民國 82 年 2 月　　　　　　　　　　　　　　　　單位：千人

職業別／性別	男	女	總計
民意代表、企業主管及經理人員	378	52	430
專業人員	248	213	461
技術員及助理專業人員	702	461	1163
事務工作人員	227	557	784
服務工作人員及售貨員	689	708	1397
農林漁牧工作人員	737	268	1005
生產機械設備操作及體力工人	2433	956	3389

資料來源：行政院主計處編印之《人力資源統計月報》，一九九三年三月，頁二四～二五。

按：不論是民意代表、企業主管及經理人員，至今仍以男性佔多數，就是當前位居要
　　津的實權人物也幾乎全為男性所囊括，顯見女性躋身決策和領導中心之不易。

臺灣地區男女未參與勞動力之原因分析比較表

民國 82 年 2 月　　　　　　　　　　　　　　　　單位：千人

項目別／性別	男	女	總計
想工作而未找工作	52	26	78
求學及準備升學	956	945	1901
料理家務	9	2668	2677
衰老殘障	706	530	1236
其他	297	39	336

資料來源：行政院主計處編印之《人力資源統計月報》，一九九三年三月，頁三四～三五。

按：對多數的現代女性而言，當事業發展與婚姻生活發生衝突時，她們多半會捨去事
　　業以遷就家庭之需，對於男人，這個問題卻相對的減少甚多。

臺灣地區各業受雇員工男女每人每月平均薪資差異表

年　　月	礦及土石採取業		製造業		水電燃氣業		營造業	
	男	女	男	女	男	女	男	女
民國74年平均	17524	9022	15402	9762	26726	19632	15279	10123
民國75年平均	18466	9558	16914	10755	27042	21151	15680	10393
民國76年平均	19021	10245	18523	11818	28111	22366	16647	11219
民國77年平均	20929	11463	20667	12911	33399	26611	18638	12555
民國78年平均	22897	12955	23789	14560	40965	33342	22319	15559
民國79年平均	28094	15020	26941	16395	47284	39184	25841	18399
民國80年平均	30523	16932	29904	18119	56984	47006	29372	21108
民國81年平均	34446	18139	33028	19731	59746	51189	32084	23574
民國82年1月	60712	32847	66015	37727	90141	65254	56212	41335

商業		運輸倉儲及通信業		金融保險不動產及工商服務業		社會服務及個人服務業	
男	女	男	女	男	女	男	女
16595	10242	18532	14058	26353	17628	15886	11208
17739	11608	19534	15561	27755	18751	17652	12054
19216	12808	20664	16297	30163	21078	19929	12785
21303	14488	22819	17812	33596	24210	22576	14566
23654	15830	26817	21734	39180	28988	25381	16389
27459	19078	30531	24336	43884	30855	28529	19693
29535	20947	35099	28427	47496	33096	31603	21874
31917	22140	38211	30292	52144	37832	35142	24340
67987	45738	79644	65282	107608	80496	77291	48517

資料來源：行政院主計處編印之《臺灣地區薪資與生產力統計月報》，《中華民國統計月報》，一九九三年四月，頁三四～三六。

按：男女兩性同工不同酬的現象，由此表一覽無遺。

 **推薦讀本**

各類女性傳記。

▶ 例如《西蒙‧德‧波娃回憶錄》(志文)、《露絲‧潘乃德──文化模式的詩神》
(稻禾)、《創造美的永恆──美國女畫家歐姬芙》(方智)、《馬克斯背後的女人》
(時報)……。女性應多閱讀這類傳記,開拓視野。

羅思瑪莉‧佟恩 (Rosemarie Tong) 著,《女性主義思潮》(*FEMINIST THOUGHT: A COMPREHENSIVE INTRODUCTION*),刁筱華譯,臺北,時報文化,1996 (原 書 1989),初版。

▶ 女性主義可以簡單的區分為「運動」和「論述」兩部分,有興趣瞭解理論的人,
這是一本相當好的參考書。

蘇珊‧巴索夫 (Susan A. Basow) 著,《兩性關係 ── 性別刻板化與角色》 (*GENDER: STEREOTYPES AND ROLES*),劉秀娟、林明寬譯,臺北,揚智, 1996 (原書 1992),初版。

▶ 男女之間的差異,立基於先天生理上的成分有多少?後天社會文化是如何全面
性的形塑男女角色?未來的兩性關係將如何調適?本書可作為探討此類問題的教
科書。

陳文茜等口述,《造反的演員──十位顛覆傳統角色的女人》,楊語芸記錄整理, 臺北,臺視文化,1997,初版。

▶ 十位當今臺灣的名女人,暢述她們成長的心路歷程,分析個人對感情、家庭、
事業、社會等等的看法。因為有一些共同的背景,加上都是經常見諸報章媒體的
名人,所以讀來更覺親切。

 **電影欣賞**

蘿絲・特落奇 (Rose Troche) 導演，《我女朋友的女朋友》(*GO FISH*)，臺北，嘉禾發行，1994，片長 83 分。

▶ 本片主要將女同性戀的愛情、困擾、壓力等等呈現出來，頗獲共鳴。

王家衛導演，《春光乍洩》，臺北，學者系統輝煌聯營，1997，片長 98 分。

▶ 男同性戀者的愛恨愁苦，其實也跟一般異性戀者可能發生的情形沒有太大的區別，除了愛戀對象是同性外，戀情的痴迷折磨是無關性別的。

簡偉斯影像工作室製作，《回首來時路——她們從政的足跡》，臺北，民進黨中央黨部出品，1997，片長 60 分。

▶ 一部描述臺灣婦運、女性從政歷程的紀錄片。擔任串場解說的彭婉如女士，在該片即將完成時，不幸因乘坐計程車而遇害，成為女權運動爭取婦幼安全最殘酷的見證。全片雖以婦女問題為主軸，但仍可從中瞭解臺灣近幾十年來民主運動的軌跡。

06

第六章　愛　情

課前研討

Q：如果你的未婚妻或未婚夫：
　1.被強暴或與他人發生性關係
　2.被毀容
　3.發生車禍半身不遂
　你仍會與她或他結婚還是選擇分手？

　　中國宋、元之際的名詩人元好問，在一次赴試途中，聽到一位捕雁人說：你在捕殺一隻飛雁後，另一隻脫網倖存的雁兒會「悲鳴不能去，竟自投地而死」。元好問聞之不禁動容，當下寫出了這闋膾炙人口的名詞〈摸魚兒〉：「問世間情是何物？直教生死相許。天南地北雙飛客，老翅幾回寒暑？歡樂趣，離別苦，就中更有痴兒女，君應有語：渺萬里層雲，千山暮雪，隻影向誰去？橫汾路，寂寞當年簫鼓，荒煙依舊平楚。招魂楚些何嗟及，山鬼暗啼風雨。天也妒，未信與？鶯兒燕子俱黃土。千秋萬古，為留待騷人，狂歌痛飲，來訪雁丘處。」美麗的愛情，似乎都無法避免淒涼的結局，中國的《梁山伯與祝英台》，莎士比亞的《羅密歐與朱麗葉》，不正是一段無法成全於人世間的情愛，才引發千古之悲歡？問世間情是何物，紅塵碧海中，為何有那麼多的痴情種，悟不透鏡花水月，竟可以衝冠一怒為紅顏，不惜兵戎相見，以命相搏，不愛江山只愛美人？有位詩人曾寫下他的人生四大樂事是：「一位刻骨難忘的女子，一卷百讀不厭的詩書，一片流連忘返的山水，一種永不動搖的信念。」詩人道盡了愛情在生命裡的重要性，沒有它的滋潤，人生不免有所遺憾，我們怎能嘲笑世間兒女對愛情的盼望與尋覓呢？但是，「愛情」究竟是什麼？它何以有那麼大的魅力，讓墜入其中的男女，既感受到人生極大的幸福愉悅，在失去時又必須承受同等刻骨銘心的痛苦？法國名片《編織的女孩》，一對戀人分開之後，男的數度哽咽的悲痛，女的在療養院整日呆滯的望著牆上希臘風景海報，手上不停的編織著毛線，一段悲劇收場的戀情，讓人們對愛情

的傷害印象深刻。儘管如此，有誰不對它依然殷殷期待？「我達達的馬蹄是美麗的
錯誤／我不是歸人，是個過客」❶，不論男女，都在等待他心所屬意的人，「你底

---

❶　臺灣頗受歡迎的抒情詩人鄭愁予名作〈錯誤〉：

我打江南走過
那等在季節裡的容顏如蓮花的開落

東風不來，三月的柳絮不飛
你底心如小小的寂寞的城
恰若青石的街道向晚
跫音不響，三月的春帷不揭
你底心是小小的窗扉緊掩

我達達的馬蹄是美麗的錯誤
我不是歸人，是個過客……

收錄在《鄭愁予詩選集》（臺北，志文出版社，1984，再版，頁一一五）。談戀愛、寫情
書，不找幾篇抒情詩妝點妝點，怎能創造出浪漫的感覺？能寫能畫的席慕蓉之作品《七
里香》（臺北，大地出版社，1985，三十版）是我們讀書時代的暢銷書，其中〈一棵開花
的樹〉（頁三八～三九）不知感動過多少青年男女：

如何讓你遇見我
在我最美麗的時刻　為這
我已在佛前　求了五百年
求祂讓我們結一段塵緣

佛於是把我化作一棵樹
長在你必經的路旁
陽光下慎重地開滿了花
朵朵都是我前世的盼望

當你走近　請你細聽
那顫抖的葉是我等待的熱情

心是小小的窗扉緊掩」，就等待歸人的足音，可以敞開胸懷迎接。愛情真是神奇，既期待又怕受傷害，愛情到底是什麼？

一、如何愛人與被愛

談過戀愛的人，大概都不會否認，試圖為愛情下定義或找幾個通則來解釋，都不是一件容易的事。有人說，愛情就是「失控」，就是「致命的吸引力」，明知會受傷害仍步步捱近；也有人認為當你發現「沒有他（她）就活不下去」時，你就已經找到了愛情。要為愛情下個定義實在很難，但當它來臨時，你不會一無所知。

1.戀愛的步驟

愛情的性質是很難一語道盡，但仍然可約略綜合出幾項特徵。一般而言，愛情的「正常程序」常是在獲得某一異性的回應訊息之後，才揭開序幕，而這個回應訊息首由「視覺」開始。

在我們的心中早有一種特定的模式，某一類的人總是特別吸引我們的注意，就像「按圖索驥」一樣，我們用眼睛去搜索我們心儀的對象，或去回應這樣的注視。由於是按「圖」索驥，所以，從小到大我們「習慣相處」的對象，或「最處得來」的對象所具備的特質，就會在不知不覺中內化成為我們擇偶時的傾向。這說明經驗、習慣的重要，如果我們朝夕相處的親人具有暴力傾向、邋遢懶散，我們就會因為昔日習慣而對這類人感到熟悉親切；反之，平常文人墨客接觸一多，

　　而當你終於無視地走過
　　在你身後落了一地的
　　朋友啊　那不是花瓣
　　是我凋零的心

常言道，年輕人熱愛詩文，中年人探討哲理，老年人則是專注於宗教，是有幾分道理。

就較會去注意且想要親近舞文弄墨的人物。換句話說，家中有暴力傾向的父親，其兒女的婚姻也較易發生暴力事件，有潔癖的母親，通常也不會有太髒亂的下一代，你自己或你選擇的對象，都會具有昔日慣見的影像，這也是為什麼孟母要那麼大費周章的舉家三遷的原因。所以，男女朋友交往之初，不妨相互到彼此的家庭走動走動，從雙方父母、親人的言談舉止，可稍微預測出其伴侶的個性、價值觀、生活習慣等等❷。

再就視覺來看，一般男生比女生重視對方的外貌形態。女生通常比較重視彼此交往的「感覺」，希望男人處處以她為重，把她擺在第一位，男生則是把「權勢」（財富、地位、能力）列為優先考慮，認為有權勢就容易有女人，不是常聽人家說「男性的權勢是愛情的春藥」嗎？至於，有人認為「一見鍾情」才真正是轟轟烈烈的愛情，其實，如就上面所分析的「習慣」來說，習慣不佳，一見鍾情的熱烈就有可能遭致引火自焚的結果，人如果沒有這種自覺，就會一直重蹈覆轍，不斷愛上同樣類型的人。小說家莫泊桑說：「普通的花朵必須經過相當時間的栽培，才會散發芬芳，愛情的花蕊更不會突然綻放，所以，一見鍾情的愛並不可靠。」這段話可藉以說明，一見鍾情固然能迅速激起愛情的火花，但柴火燃盡後未必彼此消熔成一體，反而是各自回家療傷止痛。

「聽覺」和「嗅覺」在雙方發生好感之後，也扮演十分重要的角色。暢敘衷情、傾訴愛意、甜言蜜語是人心的極大享受，況且交談原本就是彼此溝通的重要方式，有時，電話中的談話，在避開面對面的難為情，以及失去肢體語言的輔助作用後，更能傾注心力於細語柔情的傳達，說出平時羞澀難啟的話語。如果細心觀察，坊間大受歡迎的流行歌曲、KTV 的點唱冠軍曲目中的歌詞，大多和談情說愛有關，哼哼唱唱正是在表達情意或宣洩己懷。至於嗅覺則是情欲的催化劑，個人身上特有的體味，可以加強、刺激情欲的反射作用。「植物綻放出香氣，引誘昆

---

❷ 一個人在選擇伴侶時，其「熟悉的關係世界」、「族譜的婚姻狀況」影響甚深，可參考 Maggie Scarf 著的《親密伴侶》(*INTIMATE PARTNERS*)，施寄青譯，臺北，幼獅文化，1988，初版。此書有相當精采的解說。

蟲前來受粉，動物以身體的氣息，試探伴侶是否有交尾之意」❸，氣味刺激官能，令人迷亂，維納斯的愛之焚香、古印度女神燃燒大麻花讓夫婿醉臥美人膝……，可說是人類對嗅覺更為精緻的運用。有人認為男生的嗅覺比較靈敏些，也容易執著於某一種特定的香味，因此，香水的消費群以女性為主，而且有人建議女生最好固定使用同一種品牌的香水，以維持自己特有的「味道」。

　　說到「觸覺」，在保守的東方文化裡一直是項禁忌。雖然身體的接觸是兩情相悅的自然願望，但是，在中國社會向來就不鼓勵，甚至在沒有正式婚姻前是被嚴格禁止的。這導致男人常把性當成一種「戰利品」，攻城掠地之後可以到處誇耀自己的功績；女人則視性為「獎品」，芳心大悅可以親一下、贈送大禮讓你抱一抱、有婚姻的承諾則可把「全部給了你」。沒有性接觸的愛情，亦即所謂「柏拉圖式的愛情」並非不可能，事實上沒有嘗試過禁果的人，單純的交往仍能體驗深刻的愛情，相對而言有過性經驗的人叫他禁欲則比較困難。無論如何，身體是十分敏感的動情區，發生好感→約會交往→碰觸對方→相互擁抱→實現性行為，這一過程符合了男女生物的本能欲望。

2.愛情的作用

　　那麼如何能確定是真正相愛呢？想要看到他（她）的身影，聽聽他（她）的聲音，聞到對方特有的味道會感到心神蕩漾，從而有擁抱對方的強烈欲望，詩人普希金說得妙：「天上有多少星光，城裡有多少姑娘，但人間只有一個你，天上只有一個月亮。」朝思暮想的就只有一個他（她），這種在視覺、聽覺、嗅覺和觸覺上建立關於愛情的確立感，常是甜美的、叫人迷醉的。在一些探討愛情之所以令人陶醉的報告中指出，我們的大腦內有一種名為「苯氨基丙酸」（Phenylethylamine，簡稱 PEA）的化學分子，當大腦接受到愛情的訊息時，會在腦中引發興奮、狂喜、幸福、愉悅的化學作用。PEA 有如天然的安非他命，它讓

---

❸ 參見 Christian Rätsch & Claudia Müller-Ebeling 合著，《春藥》 (*ISOLDENS LIEBESTRANK*)，汪洋譯，臺北，時報文化，1998，初版二刷，頁一八八。

人產生一種心神蕩漾的感覺，無怪乎戀愛使人迷亂、使人「上癮」、使人幾乎失去了理智，這種化學作用的神奇魔力，豈是理智所能完全控制？正因為愛情所帶來的神馳意動，能讓人感受到難以言喻的滿足、幸福，經由愛情所導致的創傷煎熬，也很公平的給予了同等的痛苦傷心。

　　但是有人會認為這種 PEA 的作用只是一種激情，肉體的感受多於精神的層面，因此隨著接觸的頻繁，時日一久，感官知覺的強度會越來越減弱。常言道「婚姻是愛情的墳墓」，正是意味著，當彼此在感官上的刺激強度已經逐漸麻痺後，沒有精神上的相愛，兩人是很難再繼續相處的；即使彼此精神上仍能相愛，這個時候，如果愛情中 PEA 的化學作用真有如安非他命的效力，那麼是否會讓人渴望有另一段戀情的刺激，以便再嘗試那種如痴如醉的感覺？由此推論，移情別戀或外遇的現象是可以理解的，異性朋友、同事間打情罵俏的言語，多少也令人體會一點 PEA 的作用，以彌補婚姻中守貞的承諾，當然，重視精神層面從一而終的堅貞情愛，也並非就不正常，這裡所要強調的只是生理對心理的影響，是不容忽視的。

　　因此，愛情就是產生於男女之間一種以相互吸引為基礎，而在心、身上逐漸形成強烈「依附性」的狀態。亦即，在精神上，我們渴求與對方互相依戀的親密感覺，相愛的雙方，彼此分享內心真實的情感、思想，它會逐漸形成只屬於兩人的隱密領域，所以具有一種「獨佔性」、「排他性」，一旦遭遇第三者的闖入，就如同隱私被偷窺般，有被侵犯、被剝奪的沮喪；在身體方面，由於傳宗接代的生物本能，男女相處自然有接觸異性身體的原始欲望，這是身體藉由親密的接觸而獲得彼此緊緊相連、相互附屬的感覺，它在愛情發生時佔有相當重要的地位。有著精神之愛的肉體歡愉，性接觸才顯得神聖；有了肉體歡愉的愛戀之情，更能獲得靈性的滿足。這個時候，彼此的依附性更為增強，雙方都會強烈的感受到對方存在的重要性，以及失去對方的恐怖焦慮。

3.愛需要學習

　　依上所述，「愛情」和「愛」並不太一樣，愛情有情欲的部分，且比較固著在特定的人身上；而愛的範圍則涵蓋甚廣：愛父母親人的「親情」、愛舊友新交的

「友情」、愛鄉親故土的「鄉情」、愛山水自然的「閒情」、愛文學藝術的「熱情」……，都是一種「愛」的能力的顯現，通常這種能力越培養就越強。夫妻之間相處既久，彼此沒有了情欲仍能相愛愈恆，是愛情已經轉變成親情、友情的成分，如果又有共同的閒情逸致、熱情愛好，感情當然彌篤。因此，陷入熱戀，或徘徊於三角戀情中的男女，應冷靜的分析，彼此之間的熱烈情感，是否只是一時情欲的奔騰？一旦冷卻下來，維繫情感的動力是否依然存在？三角戀情的抉擇也常如此上演：因激情而選擇新人遺棄舊人，時日一久，舊人的諸多優點又重新佔上優勢。愛情中 PEA 的作用總有減弱下來的時候，這時，戀情能不能持續，端視情欲之外愛的品質是如何了。所以說，愛是需要學習、培養、經營與擴充的；但是，也並非人人都能擁有一段刻骨銘心的戀愛，這除了要靠一點機緣撮合外，想要擁有愛情，並且能攜手到老，就要先好好的學習如何「愛人」與「被愛」。

「愛」是一種親密的感覺，每一個人都需要「愛」與「被愛」，它讓我們擺脫孤獨無助的感覺，在陌生的環境與人群中建立一份緊密相連的親密性。從小我們就一直在學習如何「被愛」：守規矩不頑皮、合群不故意唱反調、聽話乖巧、討人喜歡……，但我們卻忘了「愛」也是需要學習的，它是一種能力，就好像演奏樂器的能力、閱讀書報的能力一般，它也應該在我們成長的過程中用心去培養。由於只知「被愛」卻不懂得「愛」，所以我們只會把自己裝扮得可愛（男人追求功成名就，女人包裝得柔媚動人），反而不知道如何去愛人，尤其是在人際關係的挫折中，經常指責別人虐待了我們、社會遺棄了我們，心中常常激憤不平，常常不甘心，害怕付出太多。以父母對子女的愛來說，他們可曾如此的斤斤計較？可是子女對父母的愛，卻要等到他們也為人父母時，才懂得將心比心、學習回饋。所以愛是需要學習的，它是人格成熟的指標之一，有能力愛人並且從中體現自我之意義的人，才能進一步瞭解愛情的真諦，也才能獲得真正的愛情，因為可貴的愛情，實是這種愛之能力具體實踐的結果。

所以，愛情是屬於身、心面的，要維持長久的相愛，首先，男女雙方千萬不要相處久了，女的變成黃臉婆，男的一付邋遢樣，保持彼此的新鮮感，讓自己容光煥發，隨時給人一種煥然一新的感覺，製造平靜生活中的意外情調，是有其必

要的；此外，雙方必須要進一步的培養共同的興趣和喜好，要能談得來（談戀愛），彼此有良好的溝通，能互相分享喜悅、成就與夢想。人之自我是不斷在成長、轉變的，一個獨立、自主、完整的人格，不但開放自己，也不試圖操控對方，自己不斷地尋求成長，也給予對方同樣的機會與空間。男女雙方想要始終保持「相愛如初」的美滿感覺，就應該具備有豐富的精神世界，讓它永不枯竭，培養細膩的心靈、學習寬厚的胸襟和愛人的能力，重視承諾與責任，使自己的個性日臻成熟穩健，這樣才值得「被愛」，也才知道什麼叫做「愛人如己」。愛的品質和人格的成熟度密切相關，盲目的尋覓愛情，不如先培養健全的人格。

二、婚前可否性行為

前面提到，肉體的渴望接觸，是愛情不可少的成分，但人和動物的差別，就是對行為後果的認知，和可控制生理衝動的能力。性行為對動物而言只是生理需求的滿足，但對人而言卻衍生出許多社會意義。

1. 性、愛情和婚姻

人一置身於社會，個人的行為就被許多的意義脈絡所包圍。傳統上，「性」的合法性是建立在傳宗接代的基礎上，而婚姻是合法的具體象徵，只有婚姻中的性，才是合法的性。婚姻中的交媾不是以歡愉為目的，而是為了生養孩子、延續香火、繼承家業，由於意義重大，性必須受到規範，不能率爾為之。合法婚姻中的性充滿責任義務，婚外的性行為，乃成為滿足情欲、抒解壓力的管道，但在傳統的父權社會中，這顯然是屬於男性的特權，不容女性有置喙的餘地。

民情風俗的改變，性觀念越來越開放，婚前性行為的接受度也越來越高，在現代以「愛」為名的性行為，逐漸取代必須在婚姻中進行的規範。男女情侶的婚前性行為日益普遍，只要他們有相愛的基礎，為愛而性可以是合理的、合法的。只不過男女所背負的評價壓力仍有輕重之別，對女性來說，還是必須比男性更審慎為之。

事實上，現在再將性囿限在神聖的婚姻體制之下，以傳宗接代為首要功能，似乎頗不符合潮流，言者呶呶聽者藐藐，遵奉者不知有幾人；而高舉愛情的旗幟，以愛為名宣洩欲望，也似是將愛情過度神話，簡化人類性行為複雜的社會現象。現代男女之間的性有時是「為性而性」、「為生理滿足而性」，甚至「為人際關係而性」、「為權力支配而性」……。在日益鬆綁的社會規範底下，同性戀、性癖好、性虐待、性暴力、外遇事件等等問題的浮上檯面，正足以說明人類性行為的多元繁複，已非道德教條所能控制得住了。

為此之故，「性學」研究堪稱為本世紀的新寵。現代性學不斷指出，「智力在經驗和學習中發展，性欲也是如此」、「性欲可被視為人格向度之一」、「性是個人認同或權力的象徵」、「人類的性興奮主要是一種心理現象」 等等❹， 在在顯示「性」的問題錯綜複雜；而且越來越多的人主張，追求愛和性的經驗，實際上也是一種「自我的發現之旅」，尤其是對性的好奇、墜入愛河、痛苦的失戀……，幾乎都有可能是年輕人即將經歷的戲劇性轉變，我們應主動提供性的知識和人際關係的教育，讓年輕人在遭遇到每一個階段時能盡量安然度過。

所以說，與其三令五申的苛責、禁止婚前性行為，不如加強性教育、防範不當性行為的後果、瞭解個人性欲潛藏的意義，來得較有意義。

2.性心理的差異

由於篇幅有限，無法長篇大論性學研究的精采內容，留待讀者自行用功。此處僅就男女社會化過程中，因性別的不同導致性心理的差異，藉以說明婚前性行為中，男女不同的考量，以及承受不同的社會壓力之現象。

一般而言，「對社會某一特定群體中的人強烈地過度類化」，我們稱之為「刻板印象」(stereotype)❺。刻板印象為社會所有人共同建構，也為社會所有人共同分

---

❹ 詳見 Bernice Lott 著，《女性心理學》(*WOMEN'S LIVES*)，危芷芬、陳瑞雲譯，臺北，五南圖書，1996，初版。第六章〈性〉和第七章〈關係：愛情、婚姻和其他選擇〉，內容有相當深入的解析，女性必讀，男性更不要錯過。

享，而且是成長過程中學習社會化的一種方式；雖然它是一種迅速有效的學習方式，但通常也都是被過度簡化的結果，我們無法以通則論斷個別（邏輯上說的「以全概偏」的謬誤），所以不能據以正確地預測團體中任何個人的行為或特徵。

但是男女一出生之後的生物性別，即決定其日後在社會化過程中，不僅要按照刻板印象學習陽剛陰柔的性別特質，更在性角色的扮演上確立男主動女被動的遊戲規則。從開始的追求、戀情的進行到性交的實現，通常都是由男性所主導，性的主動權歸由男性所掌控，女性只是盡量增加性的吸引力，被動的等待男性的青睞，並且對性表現出「無知無欲」的「可愛」。通常符合刻板印象的要求，較不會遭致非議，也較令人感到安全，例如笑罵一位男性「興致勃勃」是頗有讚許之意，也是正常的現象，反之，用以形容一位女性的話，多半是有「水性楊花」的嘲諷之意。

這種根深蒂固的看法，不但忽略兩性生理上的實際差異與需求，更把性生活的教導權、性生活的不協調，歸咎於男性這一方，導致男性「性焦慮」普遍高於女性。 加拿大多倫多大學精神科醫師 K. Freund 於 1983 年提出 「求愛障礙」(courtship disorder) 假說時認為， 隨著求愛能力的障礙， 就呈現不同的性行為偏差：

(1)連尋找對象都不敢的人──「偷窺狂」。

(2)正常談情說愛有問題的人──「暴露狂」或「打猥褻電話」獲得滿足者。

(3)無法承受性接觸焦慮的人──「公車上毛手毛腳之徒」。

(4)性交能力有困難的人──「戀童症」（同性、異性，比自己弱小的性對象、雛妓或強暴女童）。

人們常笑稱有兩種藥的發明是人類的福音，一是給男人的「壯陽藥」，一是給女人的「減肥藥」。性是男子氣概的象徵，性能力也是一種支配權力的表現，男性一方面對性感到焦慮，一方面又要極力的吹噓。減肥則幾乎成為女人一生的夢魘，

---

❺ 參見 Susan A. Basow 著，《兩性關係──性別刻板化與角色》(*GENDER: STEREOTYPES AND ROLES*)，劉秀娟、林明寬譯，臺北，揚智，1996，初版，頁六。

男性縱然對自己的身材也會不滿意，但不至於影響自尊自信，但是女性對自己身材、外貌的滿意度始終很低，女性的自尊自信大部分來自合宜的身材。因為，以亮麗的外貌來增加性吸引力，才是女人主要扮演的角色，而纖細修長的身材至今仍是美麗的主流標準。

　　雖然在性活動上越來越多的女性化被動為主動，也勇於表達自己的情欲需求，但畢竟仍非普遍的現象，女性依然被期望必須擔任「守門員」的角色。男性可有「弱水三千只取一瓢飲」的藉口，但女性必須懂得拿捏分寸，其性經驗經常被提醒起碼要限定在親密的愛情關係之內。女性必須學習要讓自己既「性感迷人」（被動）又能「潔身自愛」（主動）的道理，雖然這兩樣有時會發生矛盾衝突。性行為中女性除了心理顧忌較多外，生理方面也是要承擔較多的風險，主要是「性病」和「懷孕」的問題，尤其是發現懷孕卻必須墮胎時，可說是身心俱創。

3.墮胎的後遺症

　　「墮胎是一個複雜的道德問題，沒有任何簡單的答案。在前三個月墮胎和最後三個月是不同的；因為大家庭而負擔過重之貧窮婦女的墮胎也不同於那些富裕的女性；因為強暴或亂倫而墮胎和那些父母寧可要男孩而墮胎的女性又有所不同」❻，除了這些複雜情況外，墮胎問題對下此決定的女人，都可能造成身心長期的不良影響。

　　先就身體方面來看，墮胎在未合法化時，「鐵絲做的衣架、鉤針，浸在松節油裡的鵝翎毛、芹菜莖，以清潔劑、染料、肥皂、超級膠（精製油、肥皂和碘酒的商業調製品）灌入子宮頸，飲用含汞的瀉藥，將熾熱的煤炭放在身體上……，它是痛苦、危險的，而且隱藏在犯罪的罪惡感之中」❼，即使今天墮胎方式進步許多，合法醫療診所的專業醫師已取代街尾巷角的酒鬼密醫，然而墮胎依然有許多的風險，手術如有不慎，可能導致「子宮穿孔」和「永久不孕」，甚至流血不止而

---

❻　同❹，頁三九六。

❼　同上，頁三九二。

死亡。

　　如果手術順利，接下來則是心裡的罪惡感。坊間有一種奇特的行業，在住家大樓裡闢室經營「嬰靈塔」，有需要的人，只要買個神主牌位，每月交個三、五千，就有人早晚代為誦經超渡被墮掉的嬰兒亡靈，據報導生意相當不錯。這種現象正是在說明，個人的宗教信仰和道德感，將使得墮胎的婦女，幾乎一輩子都必須承擔扼殺生命的罪惡感，「嬰靈塔」的現象，只是稍解壓力的方式之一而已。

　　墮胎問題不僅複雜，其後遺症也很多，不得不謹慎，決定偷嘗禁果的男女，必須主動吸收「避孕的知識」，並且充分瞭解「性病的防制」。性是美好的事情，只是我們應該瞭解自己是「為何而性」？我們可否有能力承擔所處的家庭環境、社會網絡所給予的評價壓力？良好的性對身體健康也有助益，但是太年輕就有性生活或性對象複雜，就比較容易有生殖器官方面的病變產生，尤其是男歡女愛之後，男生可以輕鬆離開，女生卻必須承受性病的陰影、懷孕的可能、墮胎與否、罪惡感等等折磨。「男女平等」？在這一點上就很難達到。

三、相愛容易相處難

　　佛洛依德曾指出，當你遇到一個人的時候，最先做的區分就是「這人是『男生』還是『女生』？」兒童在社會化的過程中性別也逐漸被刻板化，不僅在外表穿著、言談舉止上漸漸表現出男女生的分別，也逐步培養出不同的人格特質。從「玩具類型」（機器戰警 vs. 小洋娃娃）、「活動範圍」（野外探險 vs. 家事操作）、「談話內容」（經濟大事 vs. 影劇消息）、「興趣發展」（社會地位 vs. 人際關係）等等，都存在著性別的區分，難怪初相識的男女生會覺得對方講話、想法很奇怪，有溝通上的障礙，尤其是性別刻板印象越深的人，越難溝通。

1.溝通的困難

　　性別刻板印象造成女人是感性的、情緒化的，男人是理性的、冷靜的二元區分。以至於普遍認為女人的溝通方式「迂迴難測」，有所謂「表象」與「真相」之

分，例如：女方生日到了，雖然表面說不要浪費錢去買禮物，但如果男方果真沒有買禮物送她，則女方會因此判斷男方不夠愛她；又如：一個大男生語調感性的說：「我好～無聊～喔～」或狀甚可愛的說：「我最喜歡吃零食了！」大部分的人會懷疑他要不是「同性戀」，就是「瘋癲」。這種認知的刻板印象，使我們過濾掉人與人之間的差異性，反將刻板印象內化為「心理機制」，如此一來要改變刻板印象就相當困難。

　　事實上，性別刻板印象是後天社會化的過程，而不是來自先天生物學的基礎。例如：1974 年針對多明尼加共和國，有 18 位在 12 歲後才長出陰莖的「女孩」所做的研究顯示，只有一人在青春期之後仍裝扮成女性，有二個在研究期間死亡，其餘以男性之身分結婚生子並無困難。由此可見，「心理層面的可塑性」相當大，而在性別刻板化的過程中，他人的期許、社會的酬賞，造成我們刻意並持續的表現出符合期待的特質，也同時排斥不符合期待的行為，形成先入為主的價值判斷。過度二元化的結果，不但失去本身創造表現的可能性，也難以瞭解、尊重和接納人的多元面貌❽。

　　特別是，性別刻板化剝奪男性表達情感的學習過程與權利，長久下來，使男性在兩性互動中「不會說」也「不能說」。所謂「男人有淚不輕彈」，「哭」是女人的特權，男人可被接受的程度只能是「浮現淚光」，而絕不能「淚流滿面」。這在必須口頭說明或肢體語言的溝通方式上，無疑已經事先設障。尤其是兩性墜入愛河時，「談」情「說」愛、溫柔體貼、浪漫細心……，這些特質似乎都是女生向來就擅長的，當女生反過來也要求男性做到時，經常都是令人感到氣餒、挫折的經驗。同樣的，女生是從良好的人際關係中去定位自己的意義，順從、依賴、沒有主見……，幾乎是從小就必須培養與人相處為善的基本德行，當遇到一位要求她獨立自主、不要事事依賴的男性時，女生也會感到不知所措。

　　現代社會在公共領域中，不論男性、女性，寡言木訥、拙於言詞的人，已逐漸被視為缺乏競爭力、魄力的表徵；在私人領域中，溫柔體貼、善解人意、專心

---

❽　同上，頁三八～三九。

傾聽、勇敢堅強、獨立自主……，逐漸成為成熟個體的指標，而無關乎男女性別的特質。放下身段的「新好男人」十分吃香，不僅擺脫傳統只懂得賺錢養家、不懂得情趣的負面形象，尊重女性、重視溝通、愛家愛孩子，逐漸成為現代女子擇偶的重要條件。而獨立堅強的女性也不會喪失其魅力，這是一個逐漸向「中間」靠攏，強調男女生特質都需具備的「中性」時代。唯有仍固守兩性刻板印象，尤其是站在兩個極端的人，不論是人際關係或愛情、婚姻，都將是障礙、問題特別多的人。

2.與對方分手

兩性因為性別上的差異，或價值觀、生活習慣……種種不同（即使同性之間亦然），導致時起衝突，其實是常有的現象。衝突並非都是負面意義的，它仍然有積極的作用，由於潛在問題的爆發，才有解決的機會。衝突是為了溝通、解決問題，不是直接就得分手，那顯然是意氣用事，如果有這樣的心理準備，就比較能冷靜下來思考問題。

良好的溝通有賴於「知識」和「修養」。知識指的是對人性世事的洞察瞭解，「知識就是力量」，深諳人事的人，大部分都能掌握溝通的微妙情境，見招拆招，游刃有餘；修養指的是對他人人格缺陷或偏差觀念的包容體諒。盡力之後，如果兩人的相愛真的無法像王子與公主那樣從此過著快樂幸福的日子，也要好好的分手，這時，有幾個原則需注意：

⑴好聚好散是高深的學問，要顧及對方的顏面，學習婉言相告的技巧，態度明確，溫和而堅持，不出惡言。

⑵如果有第三者也盡量不要曝光，勿讓第三者明顯介入尚未分手的感情中，以免傷害到對方的自尊。

⑶無論任何談判，皆不宜在密閉的空間中，並選擇有利緊急逃離之位置。提高警覺對方攜帶之物品，並避免刺激對方。

3.被對方拒絕

　　如果是被對方三振出局，而且真的已到無法挽回的地步時，要打起精神，學習接受、祝福與成全對方的選擇，並保持風度、感謝對方曾經給予一段美好的時光。不能成為愛人，就成為他（她）一生感激懷念的人，窮追爛纏只會使自己更惹人厭煩，而報復也常是玉石俱焚、得不償失。

　　受傷的程度和投入感情的深淺有關，對於不同的痛苦指數，可有如下幾個方法，作為療傷止痛的參考：

　　(1)輕度挫折──送他（她）一首詩，好好道別。席慕蓉這首〈渡口〉不錯：

　　　讓我與你握別
　　　再輕輕抽出我的手
　　　知道思念從此生根
　　　浮雲白日　山川莊嚴溫柔

　　　讓我與你握別
　　　再輕輕抽出我的手
　　　華年從此停頓
　　　熱淚在心中匯成河流

　　　是那樣萬般無奈的凝視
　　　渡口旁找不到一朵可以相送的花
　　　就把祝福別在襟上吧
　　　而明日
　　　明日又隔天涯❾

　　(2)中度痛苦──盡可能的忙碌，當義工、做運動，或去從事可讓自己精疲力

---

❾　席慕蓉著，《七里香》，臺北，大地出版社，1985，三十版，頁四二～四三。

盡的工作，例如搬運工、大賣場的收銀員……，累到沒有時間去想，時日一久，傷痕便會慢慢癒合。千萬別在雨中散步、不要哼唱感傷的歌，或去悼念昔日同遊之地，那只會徒增落寞，無濟於事的。

⑶重度傷害——失戀到這種地步直可說是錐心之痛，有時真是無藥可醫，彷彿世界末日的來臨，若果真是如此，不如讓生活有一百八十度的轉變，搬家、換工作、出國留學、環遊世界……，化悲憤為力量，徹底的洗心革面一番。

克服任何挫折，本就應該在平時就培養一顆堅毅的心，養尊處優的溫室花朵，怎麼比得上一株任憑風吹雨打的野外小草擁有堅韌的生命力？為人父母者，應該從小就要幫助自己的小孩學習克服挫折的能力，教導他們擴展自己愛的對象，培養對親朋好友之愛，對知識藝術之愛，對山川風景之愛。有了豐厚的愛，將來遭遇愛情的失敗，才不會彷彿天崩地裂、一無所有，才會懂得愛自己、原諒自己的誤判，將失敗的戀情轉化成為生命中一項美麗的遺憾，而不是永遠無法復原的傷口。

 ## 附　錄

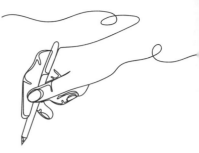

「師生戀」或是「強暴案」？

　　向來寧靜單純的校園裡，最近暗潮洶湧，男老師端坐肅立人人自危，女學生紛起猜疑，逐一檢視自己的人際關係，稍有蛛絲「狼」跡，可能會立即敏感的牽強附會起來。從師大黎姓老師的強暴疑案，彰化湖東國小洪姓老師涉嫌誘姦手球隊女隊長，到日前始爆發的中正大學雷姓老師的性騷擾疑案，一連串的事件，不禁讓人憂心，我們的校園裡究竟出了什麼問題？

　　每一個人都試圖對自己的行為提出合理的解釋，旁觀者也希望從各式各樣的報導中解讀出一套邏輯性的說明，但是，合理有效的論證，並不代表就是事實。以這些案件來看，當事人都似乎顯得振振有詞，卻反而模糊了事實的真相。不過，究竟真相是什麼雖是曖昧難明，然而強詞未必就真能奪得了理，真理仍是自在人心，社會仍舊是有公評的。

　　首先，以湖東國小的案件為例，女學生只有國小六年級，尚處於懵懵懂懂的年紀，我們雖不排除早熟的女學生可能對男老師會有少女情懷般的思慕之情，但是對於國小、初中這個年齡層的小女生來說，身心俱未成熟，貴為人師者，不但要極力避免學生不當的情感投射，更應肩負起疏導之責，豈能趁勢加以利用，造成成長過程中不可挽回的遺憾？更不應該的是，女學生對男老師可能並無情愫只有單純的敬意，以至於不知抗拒也不知如何抗拒，遂讓老師輕易得逞誘姦之實，

這種情形，再怎麼冠冕堂皇之詞，也難辭其咎。

　　那麼，女學生如果「夠大」，人格夠成熟的話，可以和男老師發生「師生戀」嗎？以師大案來看，如果是師生戀，就目前臺灣社會的接納程度，它並不是完全不可思議，更不可能造成輿論如此嘩然。中年男性的成熟穩重加上讀書人的豐富學養，很難不吸引女學生的崇拜仰慕；而正處於荳蔻年華的女學生，縱然是柳下惠再世，也不能過分苛責一個正常男人自然而然的心動感覺。如果男無婚約女亦未嫁，校園中師生戀的美滿結局並非前所未聞，反而是人們津津樂道，衷心祝福的。

　　問題的癥結就在於，如果女學生僅是崇拜仰慕，並沒有性接觸的欲望，或尚未有與之發生性關係的心理準備，而男老師則連哄帶騙的「霸王硬上弓」，算不算「強暴」？很明顯的，從師大案吳姓女學生的自白書中，我們或可看出這之中的微妙情結。若是一位陌生人，或是一位自己完全排拒的人，強暴的事實並不難認定。關鍵就在於，女學生自承對老師心存敬意，並且也自認已是個「大人」，所以在老師示好時，雖然不願意，卻也非抵死不從（有人實驗證明，一枝筆要插入晃動中的杯子，除非杯子受外力控制動彈不得，否則筆是很難插入杯中的）。這也就是在看完女學生的自白後，大家並不能完全體恤其處境的原因。老師利用其職權之優勢與學生的敬仰之情而放縱情欲，理所難容，這可能就是黎姓老師自知理虧而至今仍不願出面說明的原因；同樣的，吳姓女學生在第一次非自願或被迫失身後，仍與其老師有多次的性接觸，是否顯示出自己在這過程中自始至終的不夠堅持？

　　這引發我們討論第三個案例，中正大學的性騷擾疑案。在父權社會的體制下，女性的角色仍是屬於附屬性的，長期的兩性價值觀已刻板化男性的主動、陽剛，女性的被動、陰柔之面貌。女性從小被告誡身體的不可觸犯性，以及護衛貞潔的必要，使得女性遇到心儀的男性時，縱然有情欲的衝動願意被接觸，也必須保持矜持，更不能主動示意。於是在兩性的愛情追逐中，男性無法確知女性是真的不要或是羞於啟齒，唯有「鼓起勇氣」冒險一試，才能使一切明朗化。此外，對於女性而言，男人與男人之間拍拍背脊、摟摟肩膀、哥倆好的親密舉動，在兩性交往逐漸開放，男女之間也可以建立純粹友誼的今天，女性是要嚴正以對或是爽朗接受呢？

　　可以這麼說，人與人之間善意的表達，本來就不是非得透過肢體的接觸方能傳真，尤其是長官、上司或老闆，其身分地位已經是某種權勢之表徵，多少令人因現實利益的考量而有所忌憚不敢表示拒絕。況且對大多數的女性而言，無端的或突如其來的身體碰觸，大部分都是十分嫌惡的，如果男性自認是正人君子，最好不要太放縱自己的行為，「保持距離，以策安全」，運用在男性身上，也是自清的良方。同樣的，對女性而言，實不必有爽不爽朗的批評壓力，在自覺受到性騷擾時，如果沒有明確的表達自己的不快甚至怒意，常讓男性誤以為只是忸怩作態，故作矜持；何況對於平常就不拘小節的男性來說，人們可能錯解了他的肢體語言，如同中正大學的雷姓老師，有許多人為他抱屈，因為他一向熱心待人視學生如子女，從來沒有人向他反應他關懷的舉動已構成侵犯，直至事情爆發。這種誤解是有可能發生，也是頗令人遺憾的。此外，女性實不宜單獨和男性相處，尤其是進入其房間，因為容易產生錯誤的聯想。畢竟男女獨處於象徵私人最隱密的生活空間中，已足夠讓男性想入非非，誤以為對方是可侵犯的。因此，明確的說「不」，堅持自己的態度，不要有得罪對方的顧忌而鬆動自己的原則，否則，「一個銅板敲不響」的大帽子一扣下來，再怎麼強調自己是貞潔烈女，也是百口莫辯，有口難言。而且一個沒有不良企圖的人，也會因我們的怒氣，瞭解並收斂他不當的行為，這點體諒應該不至於影響日後正常的友誼發展。

　　校園這一連串的事件，我們希望儘早結束，否則受害最深的莫過於男老師和女學生們。為了避嫌或怕遭人誣陷，男老師可能對女學生退避三舍，不願意指導女學生的論文寫作，這不啻是女學生最大的損失？並且現在社會開放，部分女學生也頗勇於表達個人情感，她們對男老師的騷擾也是時有所聞，為求自保，男老師是否連最基本的開導也不肯挺身一試？一粒屎可別壞了一鍋粥，師生之間的寶貴情誼實不應因一兩個個案而摧殘盡淨。

（原載林正杰發行《新國會》雜誌，臺北，1994 年 5 月號）

推薦讀本

經典言情小説。

▶ 對一本小說創作的感動與否，經常和人生閱歷的印證有關。隨著作者鋪陳安排的情節、生花妙筆的婉轉敘述，彷彿撩撥起平時難以言傳的生活的感觸、經驗的細節、想像的空間……，感動因為逼顯內心之真實，精采語句畫線折角，寫上註腳眉批，也是讀者的自我創作。斜倚沙發、床榻，展讀精采名作，真是快意人生。有幾本，建議試試：米蘭・昆德拉著《生命中不能承受之輕》（臺北，時報文化，1995，三版）、村上春樹著《挪威的森林》（臺北，可筑書房，1992，初版）、瑪莉蓮・賽門斯著《獄中情人》（臺北，高寶國際，1998，初版）……。

佛洛姆 (Erich Fromm) 著，《愛的藝術》(*THE ART OF LOVING*)，孟祥森譯，臺北，志文，1986，再版。

▶ 這是一本才百來頁的小書，談的是我們最關心、也最需要的話題——愛。愛是什麼？為什麼現代社會有那麼多失敗的愛情和婚姻？佛洛姆是心理分析學家，而且著作不少，他的見解當然不會是泛泛之作。

黛安・艾克曼 (Diane Ackerman) 著，《感官之旅》(*A NATURAL HISTORY OF THE SENSES*)，莊安祺譯，臺北，時報文化，1993，初版。
黛安・艾克曼 (Diane Ackerman) 著，《愛之旅》(*A NATURAL HISTORY OF LOVE*)，莊安祺譯，臺北，時報文化，1996，初版。

▶ 連續推介艾克曼女士的兩本著作，是因為這位文學教授實在是非常博學多聞，令人敬佩。第一本書介紹嗅覺、觸覺、味覺、聽覺、視覺、共感覺等每一種感官的作用，第二本書詳述從古埃及到現代膾炙人口的愛情故事，作者文采豐富，人文地理、歷史典故、詩詞名作，信手拈來侃侃而談，直是叫人折服。

羅伯特‧傑伊‧羅素 (Robert Jay Rusell) 著，《權力、性、和愛的進化——狐猴的遺產》 (*THE LEMURS' LEGACY: THE EVOLUTION OF POWER, SEX, AND LOVE*)，林憲正譯，臺北，正中，1995（原書 1993），初版。

▶ 作者在書中引用動物學、進化論、人類學和古生物學的豐富資料，解說人類是如何的操縱社會的進化，特別是在性別差異上，是如何從規範束縛、分工合作、權力分享等等不同的社會行為，經過數千萬年遺傳到我們現在的狀況。作者也進一步提出，建構較好的人際關係和較少破壞性的社會之建議。

 # 電影欣賞

丹尼‧德維托 (Danny DeVito) 導演，《玫瑰戰爭》(*THE WAR OF THE ROSES*)，臺北，宜善企業有限公司，1990，片長 110 分。

▶ 相戀而結婚的一對伴侶，從粗茶淡飯到錦衣玉食、飛黃騰達，卻走上分道揚鑣，甚至反目成仇的下場，可為時下許多類似情況的婚姻作個借鏡。

布魯諾‧牛頓 (Bruno Nuytten) 導演，《羅丹與卡密兒》(*COMILLE CLAUDEL*)，臺北，年代影視，1990，片長 176 分。

▶ 真人實事的藝術家戀情，男女主角都是當今法國最紅的影星，演來有如時人時景重現眼前，值得一看再看。

安東尼‧明格拉 (Anthony Minghella) 導演，《英倫情人》(*THE ENGLISH PATIENT*)，臺北，年代影視，1997，片長 162 分。

▶ 史詩般的敘事手法，一直是導演慣有的風格，片長將近三個小時，耐心觀賞，感受一番心靈的洗禮。

07

第七章　婚　姻

 **課前研討**

Q：如果你的先生或妻子婚後發生外遇：
　　1.你會希望他或她坦白承認或隱藏欺騙？
　　2.若事實已昭然若揭，你會如何處理？

　　暢銷名著改編的電影《麥迪遜之橋》，在臺灣上映期間引發許多熱烈的討論，雖然談的是「外遇」的老話題，但令人感到新鮮的是，這回針對的不是男人而是女人的外遇。目前在臺灣關於女人的外遇問題，尚未看見較正式且深入的分析研究。一方面是在婚姻危機中，不論是受害者或介入的第三者，上門求助的大多是以女性居多；另一方面則是傳統價值觀上男女的不平等，女人的外遇一旦曝光，所遭受到的指責往往遠勝於男人，而男人的外遇仿若是被默許的特權，尤其是達官貴人，逢場作戲或金屋藏嬌是社會地位的象徵之一，有些人甚至會大肆吹噓誇耀一番，不像女人的外遇多半不敢公開。因此，男性外遇的諸種現象成為此類問題的討論主軸，相較起來，女性外遇因為資料與對象的缺乏，則少見專門論著。《麥迪遜之橋》敘述一位遠嫁美國鄉村的義大利中年婦女，在一次丈夫和兒女們皆外出的假期中，邂逅一位問路的名雜誌攝影師，兩人旋即墜入愛河並計劃私奔。梅莉・史翠普和克林・伊斯威特兩位五十歲左右的人演起愛情戲，雖然沒有年輕人的浪漫美麗，但女主角精湛的演技與寫實的故事題材，贏得許多中年婦女的共鳴，有位失婚的女作家甚至以「痛哭流涕」來描述她觀賞影片時的心情起伏。

　　隨著時代的進步，傳統價值觀也面臨前所未有的挑戰。老一輩的女人，以相夫教子、努力持家視為畢生職志，事事以家庭為重，不知「自我」為何物，男人就是她們的「天」，婚姻中的暴力或家事的操勞都可忍耐，只要男人不娶小納妾，就是女人婚姻幸福的定義。近代女權運動的蓬勃發展，使今日受過教育的新人類對這種婚姻觀已不再奉行不輟，她們追求兩性平等的主張，強調「實現自我」、「解放性欲」的重要遠超過對傳統三從四德的堅持，試婚、未婚生子、單親媽媽

的公開化，正是反映時代思想的產物。處境尷尬的則是夾在這舊時代與新潮人類之間的女人，她們認同傳統婚姻的形式，卻又不斷反省自我在婚姻中的意義。就如同梅莉‧史翠普在《麥》片中的角色一樣，嫁雞隨雞，隨夫千里迢迢的定居在陌生的鄉村，洗衣燒飯、照顧丈夫兒女消磨掉大半的青春歲月與夢想，雖然她任勞任怨付出一切，但對於這樣的平淡生活卻仍無法掩飾心中的遺憾。克林‧伊斯威特的出現適時喚起她蟄伏已久的熱情，愛情的魔力激發出一個人旺盛的生命力，她變得容光煥發充滿活力，但在追求熾烈的婚外情和避免傷害家庭的衝突中，她選擇了後者，一個人默然承受這段短暫戀情的甜美與思念的苦澀。直至去世時，才在遺囑中要求子女將她的骨灰灑在麥迪遜之橋下，與也是長眠於此的克林‧伊斯威特再續情緣。

　　一般研究外遇問題者指出，男人的婚外情容易曝光，在失去新鮮感後平均只能維持二到四年之間，女人則因難以啟齒，反而常可維持十幾年甚至更久。梅莉‧史翠普隱藏了一輩子，她在片中曾說道：「如果沒有這一段感情和記憶，我也不可能繼續生活在這個婚姻裡。」事實上，確實有很多已婚女性在觀賞完影片後，毫無掩飾的流露出對類似這種隱密戀情的憧憬與嚮往。思想的開放使現代婚姻形態產生不同於以往的緊張關係，雖然婚外情至今仍被多數人認為是非道德的行為，但仍無法阻絕日益增加的外遇事件，那麼，婚姻的意義究竟何在？有人說，婚姻是「男人對自由，女人對幸福的賭注」，對於期望從婚姻中獲得幸福的女人而言，傳統的婚姻形式不但在心理、生理、社會各層面都顯示對男人較有利的情形下，她們應如何為婚姻尋找適當的定位？在所謂「女人想變壞，男人想變好」的現代，男人被要求必須具備「新好男人」的條件，即溫柔、體貼、會幫忙做家事帶小孩等等時，男人似乎更無法隨心所欲的情況下，他們還願意踏入婚姻的桎梏中嗎？

一、婚姻的意義和外遇問題

　　人們都需要愛與被愛，更盼望能在內心情感和身體性欲上找到一個親密的對象。許多研究顯示，年老單身的男女，他們感受到的沮喪、孤獨、挫折、不快樂

的感覺，都比擁有伴侶者強烈，因此，親密關係的建立是人存在的基本需求之一，而婚姻就是一種藉由制度廣被社會所承認的永久性結合，透過法律規範形成穩定的關係，保障與另一個人的親密行為，共享彼此的情愛、性欲、子女、財富等等。婚姻和同居、試婚最大的不同，就是「法律的保障」和「社會的意義」；透過「公開舉行儀式」或「法院公證」的方式，雙方取得嶄新的社會身分，名正言順參與彼此的活動。這也是為何婚姻中的第三者經常十分在意「名分」的原因，介紹「這是我的妻子」和「這是我的同居人」，當然有不同的評價；此外，夫妻相處產生衝突時，分手後果的考量顯然多於同居和試婚的情形。

若從人類婚姻的發展歷史來看，婚姻的意義隨著時代的推移也有若干的差異：在遠古時代，婚姻主要是為了「傳宗接代」；爾後，婚姻附上了「功利目的」的考量，如擴展種族、消弭戰爭的通婚制度，以及男人以優異的社會地位換取一位美麗女子的生育能力、管理家務、性的提供、情感的慰藉等，都可稱得上是著眼於功利目的的結合；十九、二十世紀以來，婚姻的意義有了很大的轉變，雖然仍有為「傳宗接代」、「功利目的」而結婚者，但是它賦予更多心靈層面的要求，尤其是對「愛情盟約」的渴望。現代女子不必一定要有生育能力，也不一定要很會整理家務，「頂客族」(DINK: Double Incomes and No Kids) 的流行，以及越來越多的男人也喜歡挽起衣袖洗衣燒飯的情形看來，現代人對婚姻已有不同於以往的期望。對婚姻不切實際的期望和對自由的過度堅持，都容易形成晚婚或不婚的結果，加上愛情的熱度常被婚姻生活中的繁瑣澆熄，故人們常埋怨婚姻扼殺了愛情，婚姻是愛情的墳墓，婚外情成為一道逃生口，或乾脆脫離婚姻的束縛，這使得婚姻的必需性受到懷疑，也顯示出現代人的婚姻愛情觀充滿著矛盾——既希望因愛情而結婚，又害怕結婚埋葬了愛情。

如果我們能把「愛」和「愛情」分開來看的話，這個問題可能較可以簡單釐清。我們知道，愛的範圍十分廣泛，親情、友情、風土人情都有愛的成分，個人認為，若在「愛」中加入「性欲」，就成了「愛情」，當然愛情所表示的意義很難做如此簡單的解釋（參見第六章），但是當愛情來臨時，渴望看到、聽到、聞到、觸摸到對方的身體，是很主要且自然的現象，反過來說，有性欲的衝動並不就表

示有了愛情，這是必須分辨清楚的。婚姻生活中彼此的熟悉感會逐漸失去性欲中所需要的神祕性、挑逗性，使得夫妻生活日漸有愛無性，談戀愛時的感覺逐漸降溫，因此常聽人建議，「保持精神緊張的狀態是使愛情永恆的妙方」，可是，誰會有那麼旺盛的精力整天去營造羅曼蒂克的氣氛？尤其是，男人在結婚後比較會全心全力投注在事業的發展上，因為男人普遍認為事業的成功可以贏得一切，包括愛情在內；女人在結婚後，則大部分會發揮她們所有的愛在家庭生活的經營上，直到她們感覺到被愛、被需要的欠缺時，才開始質疑自己的付出，這通常會發生在丈夫事業有成、兒女長大獨立時。有些性學研究者指出，婚姻儀式上「專一而永恆的相愛，至死不渝」的誓約，對男人而言較難做到。因為在性欲的本能上，男人較單調而機械，常常需要從精神面去尋求滿足，例如從女人的反抗、欲拒還迎、羞澀神祕中達到性的刺激，所以男人通常是睜著眼睛去觀賞女人的表情、神態、動作，以增加性的興奮；相反的，女人性欲的單調或複雜端賴身體的開發程度，她們的身體幾乎到處都是性敏感地帶，所以女人可以閉著眼睛去體會身體的感受。據此而論，男人的性欲需要有新鮮對象的刺激，女人的性欲則較能固定在一位可以滿足她的對象上。許多外遇原因的研究都指出，「性的吸引力」是婚外情發生的主因，男人以外遇行為來彌補在太太身上找不到的新鮮刺激，或藉此以證明寶刀未老；女人的外遇或起因於對丈夫的報復行為或因為性生活的不滿足。這似乎可以用來說明，大部分的婚外情並非愛情在婚姻中被埋葬了，而是雙方情欲消失的結果，彼此若仍相愛是不至於走上離婚之途的；但是，如果連相愛都不可能時，那就不是單純的性欲問題，這要從雙方性格發展的差異分析討論，許多發生婚外情的人，他們認為與外遇對象「談得來」是他們背叛婚約的主因，這個比例甚至超過「性的吸引力」。

　　人類學家對於人類社會既需要婚姻制度的保障，又經常發生外遇越軌的現象，提出許多有趣的分析報告，本文僅就「男性天生喜歡拈花惹草，女性天生就比較專一嗎？」和「何以外遇？」兩個問題，整理一些人類學家的看法供讀者參考。針對第一個問題答案正反皆有：贊成者認為，男女兩性的性活動差異和其「生殖策略」有關，由於男性會製造大量的精子，所以必須擁有許多的性伴侶，以提高

傳宗接代的機率，而女性只提供極少量的卵子，所以她必須慎選一個具備好精子的供應者並與之維持長久的關係，因此，「男人是天生的玩家，女人是天生的管家」（Symons 的看法）；反對者駁斥這樣的主張，認為此種看法幾乎漠視人類社會進化的事實，亦即，男女兩性的性差異受到文化的影響程度，已非單純的生理現象所能解釋。這樣的爭論影響到第二個問題的解說，亦即，撇開社會文化意義的影響純就生物學的立場來看，有人的看法剛好和 Symons 相反，主張男女性「同樣好色」、「同樣興致勃勃」，人類是雜交的動物，一夫一妻的婚姻制度是為了「規範性愛的優先順序」和「家業繼承的合法化」才建立的；差別只在於，女性偷情只要善加隱瞞，就至少有「增加資源」和「有備無患」的好處，這是為了生存之必要手段，而男性之偷情主要和「香火」有關，性伴侶越多香火就越旺盛。說起來，人類真是複雜的動物，一方面希望安定，另一方面卻又渴望激情，難怪有人說道：「人生悲劇有兩種，一種是戀愛失敗，一種是戀愛成功。」❶

二、男女的角色分工與責任

　　浪漫熱烈的相愛是幸福婚姻最理想的前提和基礎，但是，前面已經分析過，戀愛的激情和婚姻關係中柴、米、油、鹽、醬、醋、茶的繁瑣，是有矛盾的，因此維持不易；此外，置身於社會意義之下的男女性，各有其必須扮演的角色和責任，更使婚姻生活增加許多緊張壓力，於是，越軌的偷情反顯刺激和浪漫。

1.角色分工

　　首先，社會傳統文化根據男女性別的刻板印象教育男女兒童，也以這套方式衡量兩性的行為和表現。亦即，男性從小即被鼓勵往「公領域」發展，努力進取，

---

❶ 海倫‧費雪 (Helen E. Fisher) 著，《愛慾——婚姻、外遇與離婚的自然史》(*ANATOMY OF LOVE: THE NATURAL HISTORY OF MONOGAMY, ADULTERY, AND DIVORCE*)，刁筱華譯，臺北，時報文化，1994，初版，頁五一～九五。

追求社會上的「工作成就」；女性則被鼓勵留在「私領域」內，學習如何從一個家庭進到另一個家庭的美德，表現「持家成就」。一般而言，三十歲左右的男人大致已發展成獨立自主的人格，並積極尋找在社會上出人頭地的機會；反觀女人，卻反而在完成生命中的兩件大事：「結婚」和「生育」之後，才有類似的「覺醒」，婚姻逼使小女孩上市場、學開車接送小孩……，快速走向社會化，逐漸建立其人際關係和社會資源。不管是先立業再成家，或先成家再立業，男人總是必須表現負擔家計的能力，而且還要有保證維持得很好的自信，婚後隨著家庭發展的需要更須不斷提高自己的經濟條件；從這個角度來看，婚姻似乎是一場買賣，男人努力賺錢以便交換女性的家事服務和獨享的性，這樣一來一個不會持家，丈夫有外遇、兒女不爭氣的女人，在社會的定義下就是一個徹底失敗的女人。換句話說，男人和女人各有不同的致命傷，男人怕「失業」，女人怕「離婚」。

傳統上，男性是以經濟力建立婚姻關係中較高的地位和較大的權力，而依照性別意識型態和物質供應來源的事實，女性位於從屬之地位乃是必然的現象。因此，現代許多女性主義者認為，想要走出惡質婚姻的女性，首要之急就是尋求經濟獨立，才有可能擺脫依賴，爭取發言權、決定權。這對許多習慣於傳統家庭結構的男人來說，不啻為一項嚴重的挑戰。畫家侯俊明寫了一篇〈新樂園〉道：

新樂園
不再對男人有所仰望依戀，
沉默的女人心中充滿鬥志，
反叛，使得生命饒富意義，
初長陽具的女人樂不可抑。

現代女性也積極擠入公領域的自覺，不但威脅到男性的領空，也使婚姻的穩定性深受考驗。時代已然改變，刻板的角色分工模式必須認真思考其存在的意義。現代男性面對如此來勢洶洶的改變，大致有如下幾種因應方式：

　⑴捍衛傳統的價值——年前據報載，日本某大學一位年屆六十的老教授，因看不慣時下青年男女，男不男女不女的穿著打扮，於是寫了一本敘述傳統陽剛之

美與陰柔之德的懷古之作，沒想到，此書竟然大為暢銷，熱賣接近百萬冊。顯見確有許多同好和他一樣有思古之幽情，相當緬懷昔日男性橫眉豎目的勇者之姿和女性嬌羞溫柔的順從美德。

(2)與女性主義結盟——也有一批立志當「新好男人」的現代男性，主動瞭解女性主義的主張，積極吸收相關的知識，學習如何自我調適，甚至參與女權運動。例如報上曾經登載，日本國立大阪大學從 1994 年的春季開始，率先開設「男性學」(Men's studies)，這門大學一、二年級學生共同必修的科目規定每週上課一次，共有七名社會與心理學教授擔任此課程，分別由社會、思想、人權、文化和宗教等各種不同的角度，來探討性別差異、同性戀、性騷擾、家庭、職業等等問題，並介紹女性主義和男性解放運動等社會潮流❷。

(3)尋找其他的出路——由於同性戀比異性戀在角色的扮演上比較沒有那麼清楚分工，加上男同性戀者比女同性戀者較少受到女性主義平權思想的影響，因此，同性戀身分的曝光，雖然有必須承受的社會壓力，不過對於男女分工角色和男女平等訴求的聲浪，卻也是一種可以跳離爭辯、置若罔聞的方式。

---

❷ 因應女權運動和女性主義的蓬勃發展，現代有關男性研究、男性運動的風潮也方興未艾，相關書籍陸續出籠。例如，Warren Farrell 著，《男性解放》，鄭至慧等譯，臺北，婦女新知，1984（內容：反省以往從未曾質疑過的男性性質和男性權力位置）；Michael Hutchison 著，《性與權力——身心政治的剖析》，廖世德譯，臺北，自立，1994（內容：質疑女性主義者的主張將撼動生態的平衡產生危險，故大量引用動物行為學、行為學派心理學和生物心理學近年發表的學術報告，以強調男女確實有其先天因為要生存、要交配等等不得不的差異）；Robert Bly 著，《鐵約翰——一本關於男性啟蒙的書》，譚智華譯，臺北，張老師文化，1996（內容：美國新男性運動的經典之作，探討兩性問題、男性本質、父親角色，企圖重建男性的尊嚴與本色）等等。這類書籍在坊間已經是琳瑯滿目，不及一一介紹，本土男性作家，例如王浩威、王行等，也以自身在臺灣成長的經驗，敘述臺灣男人特殊的人生歷程，想要瞭解未來兩性關係的讀者，實在應該多費心思翻閱翻閱。

2.表達方式

男女性別的角色分工，不但使得發展空間有別，在人格特質上也形成不同的表達方式。例如女人慣常以如下幾個步驟來表達意願：

⑴步驟一──承認女弱男強的「示弱哲學」，以退為進的誘惑方式先行撒嬌一番。

⑵步驟二──既然女弱男強，「強者必須疼愛、禮讓、照顧弱者」。

⑶步驟三──所以，強者應該依弱者的意思去做。如此一來，女人雖自承為弱者，卻出現化明為暗的發布命令要強者受命行事的弔詭現象。如果這套伎倆被看穿，則最後的殺手鐧就是：

⑷步驟四──撒嬌動作幅度加大「一哭二鬧三上吊」，或者假裝無知崇拜的神情找個臺階下。社會上「那是女人不要跟她計較」之類的言詞，是女人可藉以反敗為勝的策略，但也是女人不被尊重的現象。

強調社會地位、維持顏面的男人，在權力的位階上本來就高於女人，男人是發號施令者、是事情的決定者，男人要不斷的展現謀略進取、雄心壯志的氣魄；「像個女人一樣」，恐懼、示弱和求助有失男性尊嚴，是大丈夫的禁忌。所以，遇到挫折的男人，只能有如下的表現：

⑴步驟一──縮斂不動散發「悲壯」（普天下無人瞭解我）和「委屈」（全天下皆有負於我）的氣氛。

⑵步驟二──傳統男性的原型是沒有眼淚、沒有傷口的完美狀態，因此，堅強的男人頂多只能「浮現」卻不許「滴下」眼淚，更遑論哭出聲音了。

⑶步驟三──如果真要嚎啕大哭，也不能為家庭私事而哭，必須找出憂國憂民的理由，才可氣壯山河，抹面痛哭。

只要一進入社會定義的「男性」，也就意味著一種完美、剛硬而理智的存在，使得示弱、傾訴、求助一直是女性的專長，主動想交談、溝通、改善關係的人，也多半是女人，而越不擅長溝通的男人，就成為越想逃家越可能成為工作狂的人。

3.焦慮危機

　　男女性別的不同也造成不同的焦慮和危機。男女戀愛到了決定婚嫁時，一般而言，女生會比男生更為警覺和實際，但一旦下定決心後又會表現得積極投入，因為家是女性成就感的主要來源，而且婚後女性的社會地位、生活品質、社交範圍都將十分仰賴丈夫，女怕嫁錯郎，不得不小心謹慎。身為妻子的身分後，女人常見的焦慮和危機感主要是：

　　⑴「在適婚年齡時找不到丈夫，你是失敗的；得到丈夫卻又失去了他，則你是無能的」，所以，「女人一生都在努力捕捉金龜婿，得手後則要想盡辦法看守他」(Beauvoir)。

　　⑵「當你的身體必須整天接觸糞便和四季豆，你的心靈也會如此」(French)，戀人絮語是天馬行空式的浪漫不切實際，婚姻生活則是房子貸款、家事操作、養兒育女的現實問題，女人身材的變形、話題的千篇一律，連自己都會越看越不滿意❸。

　　⑶沒有自我實現的母親，容易把她的希望寄託在兒女的栽培上，造成家庭氣氛的壓力鍋效應，管教過嚴、強迫兒女接受自己的模式發展，又擔心將來兒女羽翼一豐，展翅高飛遺棄了她，處處顯得憂慮、緊張、神經質，無法放鬆自己。

　　男性也有自己的焦慮和危機感：

　　⑴社會成就的表現遲滯或挫敗，職位沒有遞升，薪水沒有增加，或遭到裁員、解雇的命運，一直是男性的隱憂。

　　⑵男性大多喜歡傳統的婚姻，女性則較希望平等的婚姻，婚後女性對於一直

---

❸　有一則從網路抓下來的趣談頗能道出年齡對女人的威脅：

　　17 歲到 20 歲的女人，像個橄欖球──20 幾個人搶著要；

　　21 歲到 30 歲的女人，像個籃球──10 幾個人爭著要；

　　31 歲到 40 歲的女人，像個桌球──A：給你！B：我才不要；

　　41 歲到 50 歲的女人，像個躲避球──見到就閃！

　　51 歲到 60 歲的女人，像個高爾夫球──滾得越遠越好！

處於引導角色的配偶，由瞭解、看穿而從容面對，妻子的成長已不再樣樣依順，是對男性尊嚴的一大威脅。

⑶子女成長過程中父親角色的缺席，使得子女傾向支持母親，疲於奔命養家活口，子女卻不聽管教，情感疏離。

為了維持男人的堅毅形象與在家的尊嚴，許多男人通常不會把工作上的委屈帶回家中，寧可一人默默承受，或藉酒消愁，幾杯黃湯下肚，可以毫無禁忌的顯露脆弱、胡鬧、發酒瘋、爭執吵架、孩子氣……，比較嚴重的是回家毆妻。根據家庭暴力事件的研究報告指出，性別刻板化越嚴重、越認為男人在家應保有尊嚴的男人，當他遭遇挫折時，越會訴諸暴力的解決方式，以便迅速恢復優越地位；而很多長期忍受婚姻暴力的女人，通常也是有性別刻板觀念的人，或是因為仍抱持著當初結婚時的美麗夢想，加上事後男性的懺悔，乃一而再地給予機會，形成「循環毆打」的現象。

婚姻生活真是一場人生悲喜劇，畫家侯俊明的「結婚喜帖」，寫得相當另類，讀之令人不覺莞爾：

〈愛恨交加　欲仙欲死　欲罷不能〉

實在不曉得要怎麼開口。公主和王子要結婚了──這個素來被稱為「終身大事」的鬼玩意兒，終竟落在我們身上了。狂喜啊。

任它是相愛或相殘，兩人相處久了，縱然不是什麼天造地設的才子佳人，也會彼此上癮的。當大部分的人都在詛咒它卻又無法悖離它時，即不難瞭解，這玩意是比「毒品」還應該被禁的。

婚姻，是上帝對人類最嚴厲的懲罰。想著接下來可能發生的各種振奮人心的事──毆妻、殺夫、虐童、亂倫、外遇……。「家」實在是個精采的好所在──罪惡的溫床。

這是人間煉獄的大好姻緣，我們就要跳進去了。

為慶祝這生命裡的大抉擇、大墮落，擇凶日敬備喜筵。

恭請

闔第光臨

湖口徐女進玲

六腳侯氏俊明　鞠躬

〈附記：希望您能配合儀式進行，在會場請遇人即說「我愛你」，
以示婚姻之邪惡本質。此外請不要給予新人太多的祝福
語，諸如「白頭偕老」、「永浴愛河」等等，反人性的政治
用語，大夥都尷尬。〉❹

三、白首偕老的條件和特徵

1.條件

人生若是一場學習的過程，婚姻則是學習和一個人相愛到老的功課。現代婚姻越來越無法依賴法律規範或社會壓力來維繫，從一開始，婚姻生活就容易因為彼此理想的落差、家族相處的困難、財務的爭執等等而產生婚姻危機，使得婚姻的頭一、二年感情最不穩定也最易仳離，日後彼此人格發展的差異，人生際遇的變化，都會使婚姻面臨解散的考驗。所以，學習控制衝動、聆聽對方的需求、用心經營兩人的生活，才有可能擁有當初的誓約：「恆久的相愛」。個人認為，穩定的婚姻關係至少應該具備三項條件：

(1)同質性

首先就同質性而言，伴侶間年齡、教育程度、家庭背景、社會地位、宗教信仰、價值觀上的相似，可使兩人的相處減少摩擦與衝突，彼此做事的態度、使用的語言、人生的信念較易溝通，也比較能達成共識，加上與自己條件相當的人成

---

❹ 侯俊明的「結婚喜帖」是其敘述與妻分手的文章〈英雄之旅〉中，附帶刊登的手寫喜帖，收錄在《張老師月刊》(臺北，張老師文化，1998年十二月號刊物，頁一一二)，該十二月號月刊有多篇談「分手」的精采資料和文章，值得參閱。

婚，社會壓力較少，自然也較感舒適自在，傳統所說的「門當戶對」其意義在此。

　　這裡要特別注意的是，大部分的人在成長的過程中，已經逐漸形成自己心目中的「白雪公主」或「白馬王子」，這類理想對象的形塑，有時是受父母教養的影響，有時是自己習慣相處的對象。例如，一個與弟弟或年輕男孩相處十分融洽的女孩，可能較易選擇比她年紀小的人為伴侶；一個與年長女孩一直都有不錯的交往經驗的男孩，也比較傾向於娶大姊型的女孩為妻。這透露出，若從小家中出入皆是斯文型的人，或是草莽型的人，自然會影響長大後與不同類型的人處不處得來的觀感；確切一點的說，如果家庭中父親是暴力型的，女兒基於相處上的習慣，容易嫁給一位有暴力傾向的先生，兒子也易認為打女人不是什麼過錯，如果父親本人以及來往之人大都溫文有禮，兒女比較認同客客氣氣的夫妻生活。有些人的婚姻，常常是父母模式的再現，原因即在於生活習慣影響了個人的價值觀，如欲建立一個高品質的婚姻生活，對從小形成的一些既定觀念的重新省思，是十分必要的。

　　⑵互補性

　　其次從互補性來看，愛情常從對方是「獨一無二」的感動開始萌芽，進而為對方的某些人格特質深深吸引。例如崇拜有藝術成就表現的人，會因為自己能力的侷促有限，轉而去追求在這方面的佼佼者，以彌補自己的不足；認同勤勞節儉的美德，但自己卻邋遢浪費的人，會特別欣賞平日就整整齊齊、乾淨勤快、用錢有度的人。這就是俗話說的「一個蘿蔔一個坑」的夫妻互補性質，但是起初的吸引力卻常成為後來雙方衝突的主因，因為沒有在自我身上培養那份「吸引」的特質，反而在另一半身上尋求滿足，將導致兩人的差距越來越大，終至引發抱怨衝突。例如一個藝術造詣越來越高，一個越來越疏淺；邋遢浪費的越變本加厲，勤快節儉的越鑽牛角尖。所以，互補性雖是婚姻的主要性質之一，但互補的空隙不能太大以致格格不入，互補是補不足而非補欠缺，個人應力求自身的獨立自主，而非永遠依附對方存在。

　　⑶開放性

　　最後就開放性而言，很多夫婦都有想要影響、改變對方的雄心壯志，這使得

婚姻成為一場權力的競技，彼此為控制優勢的取得奮鬥不懈。例如有很多女人會埋怨先生沒有婚前的溫柔體貼，這有時是女人對控制優勢逐漸失去的惆悵表示，有時是顯示男人已取得主控權的疏忽漠視，不過大多時候，如果我們能夠瞭解不穩定和穩定的關係之間，當然會有對待上的差別，相信這樣的體諒加上刻意的關懷，還是可以維持一份不同於以往的親密情感。事實上，現代婚姻的持久性已日漸降低，保留適當的彈性，給彼此一個開放空間，反而可以增加夫妻間的親密程度。尊重對方的隱私、興趣，培養自己成熟獨立的人格，我們可以努力實現理想中的我，也讓對方有成為他自己所想要的樣子之機會，亦即，我們可以和另一個非我的個體保持親密的情感，而無須力圖重塑、改變、說服、糾正對方，將對方扭塑成另一個我。同時，擴展自己的生活圈子，不侷限於家庭生活，建立人際網絡，參與社區活動，讓自己的生活活潑豐富起來，這些對以家庭為生活中心的女人而言尤其重要。

2.特徵

　　根據許多社會學家研究的結果顯示，幸福美滿的婚姻通常具有如下六點特徵❺：

---

❺ 維持美滿婚姻的建議有許多，底下是廣泛流傳的「教戰守則」，不知是哪位仁兄的傑作，雖有點玩笑成分，但是把它抄錄下來，每天定時誦念（給對方聽），可能也可發揮一些作用。
〈疼夫十大守則〉
老公說話時要緊緊依偎，凝神傾聽。
老公上班時要服侍更衣，準備早餐。
老公購物時要懂得讚美，提供建議。
老公穿衣時要耐心等待，幫忙燙衣。
老公玩樂時要放開心胸，一起玩樂。
老公煩悶時要溫柔安撫，分憂解勞。
老公生氣時要好言勸慰，共同解決。

⑴彼此真誠相愛而結婚。

⑵雙方共同理財不負債。

⑶夫妻一起分擔家務事。

⑷親密美好的性愛生活。

⑸教育孩子的立場一致。

⑹共享興趣和休閒時光。

值得一提的是，現代人越來越注重婚姻中性的和諧關係，但是如果性關係有如上述，在社會層面上對男性的縱容，在生物本能上男女的先天差異，那麼，強調身體的從一而終，顯然在婚姻中就必須處處謹慎預防對方的出軌。有人認為，在這方面何不網開一面，打開一扇窗，以利婚姻的通風，而不是一旦發現外遇戀情，就走出婚姻的大門，只是這種觀念應該是男女適用的。換個角度來看，強調心靈上的相愛不渝，或許較有意義也較能節制身體出軌的衝動，況且社會上有很多離婚的案例，並非肇因於任何一方的出軌行為，而是兩人已無法繼續相處的事

老公睡覺時要夏扇冬被，讓他滿足。

老公給卡時要該用則用，該省就省。

老公生病時要緊守身旁，細心照料。

〈疼妻十大守則〉

老婆訓話時要立正站好，低頭懺悔。

老婆上菜時要歡喜吃飽，再來幾碗。

老婆購物時要勇於付款，義不容辭。

老婆化妝時要耐心等待，衷心讚美。

老婆玩樂時要勤做家事，洗衣擦地。

老婆煩悶時要溫柔安撫，分憂解勞。

老婆生氣時要跪地求饒，懇求開恩。

老婆睡覺時要炎夏扇風，寒冬暖被。

老婆給錢時要含淚感激，省吃儉用。

老婆生產時要緊守身旁，細心照料。

實。因此，婚姻美滿幸福的指數，和夫妻之間的溝通、互動情形最是密切相關，通常雙方彼此關心、互相諒解的程度越高指數就越高，反而和收入多少、住宅大小較無關連。而情欲問題雖然在婚姻中佔有十分重要的地位，但兩人性情相投、生活上相扶持，彼此體貼、尊重對方，這種情投意合的相愛，即使淡如清水一杯，仍有它的甘甜美味，就像日落黃昏時老夫老妻攜手散步的情景，不是乾柴烈火似的激情象徵，卻有如冬日暖陽的溫馨。刻骨銘心的相愛應該不是情欲的豐富變化，而是人心自私的克服、自我的成長，以及不求報償的犧牲奉獻，這是終極一生都要學習的功課，婚姻更是必須以此來用心經營。

　　萬一兩人的婚姻無法持續到老，就像談一次戀愛就成功的人其實也不多一樣，「永浴愛河」、「白首偕老」因為並不容易才特別挑起人們的嚮往與祝福。這個時候，外遇也好、相處不來也罷，忍氣吞聲，或吵吵鬧鬧、同歸於盡，都不可能讓彼此過得更好；與其相互折磨，何不構思較有建設性的作法。結束婚姻關係各奔前程，或繼續留下來奮鬥，這是見仁見智，沒有一定的答案，每一個人都各有其不同的條件和處事態度，打破僵局常要付出一定的代價，有人承擔得起，有人卻沒有勇氣接受，但不管如何，當雙方的感情已滯溺不前時，適當的改變，勇敢的承擔，才有可能突破困境。而這絕非是哭泣吵鬧就可殺出一片天地的，如何化耐力為魅力，是需要冷靜的頭腦和生活的智慧，一個真正會愛自己的人，應該也會懂得如何成全別人的。

附　錄

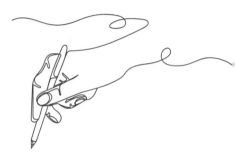

人生階段性的危機處理

　　人雖然可以不斷的一心向上，努力賢聖，但人生的危機卻層出不窮。人生主要會面臨五大危機：

一、上學危機

　　小孩在成長的過程中，不但要學習認識自己，也要學習與人相處。孩子一出生就有自己的主張，例如餵食時的扭頭拒絕，在家庭裡，父母的保護，尤其是現代家庭因為孩子少而有過度縱容溺愛的傾向，使孩子們比較會堅持己見，而欠缺與人和睦相處的忍讓訓練。開始上學後，孩子容易有不安全和缺乏被尊重的感覺，團隊相處分散在家中獨佔的注意力，所以，焦慮和委屈也常會接踵而至。

　　這時父母耐心的傾聽、接納孩子的聲音，是相當重要的。最好是回家後會主動的提起小玩伴的姓名、校園發生的事件，而不是頻頻告狀、數落別人不是的小孩，人格發展比較正常。在談論和訴說的過程，孩子就會獲得釋放感。父母可以進一步的培養孩子的紀律感，學習自主，為自己行為負責的責任感，例如，每天固定時間做完功課後，才能自由遊戲，玩完玩具約定收好才能吃飯等等。

二、青春期危機

　　青春期的特徵是充滿理想，容易有不切實際的行為。有些青少年因為不滿現實生活，容易透過「偶像崇拜」的投射心理，或以吸食強力膠、安非他命，「產生幻象」的自我麻痺方式，從中尋求滿足。例如，有個笑話說，主管勸某人如果不再酗酒願意調升他的職位，某人則回答主管說：「我醉了，什麼職位都可以當。」真是何勞費心？

　　青少年常希望自己被視為是特殊的人物，具有不可替代性，但又經常不知道自己到底想做什麼，或能做什麼，這是一種認同的危機。例如，在《少年阿默的祕密日記》（聯經）一書中，阿默的困擾就是，「全家沒有人知道我是知識分子、是未來的偉大詩人」；阿默的父母有次談話不小心提到「我們還要冒險生像阿默這樣的孩子嗎？」；阿默在「看完《動物農莊》（志文）後，決定杯葛豬排」（註：《動物農莊》敘述為了建立動物的樂園，豬起義帶頭趕走農莊主人，革命成功後，豬群卻學起人類用兩條腿走路，成為新的獨裁統治者）。

　　不滿現實、喜歡批評、唱反調的叛逆性格，只要自由不要責任，對抗權威，想要突破卻不知要突破什麼，十分在意自己的隱私不想被干涉等等，都是青少年心情的最佳寫照。除此之外，此時最常發生的危機，莫過於是被「情」、「性」所困的兒女之私了。關於性，坊間隨處可見的性學報告書，已經使這一代的年輕人，不必暗中摸索似是而非的性知識；至於愛情，除了可遇不可求外，它是有一些必備條件的。例如：

　　⑴話題談得來（談戀愛）。
　　⑵興趣可分享（親密知音）。
　　⑶施與受的平等（有參與感）。
　　⑷互補性的支持（彼此需要）。
　　⑸相互肯定信賴（有安全感）。
　　在臺灣，青少年還有一項決定此人今後將會活得快不快樂的憑藉，就是「有

沒有考上大學」。慶幸現在升學管道已經逐漸多元化，年輕孩子可以選擇先工作再進修，或一路升學拿文憑再就業。如果能進入大學或專科學校，很多人都建議，剛入學的新生，有四個必修的學分不能錯過：

(1)學問——大學是菁英教育，要奠定好專業的根基。

(2)愛情——越年輕時談的愛情越沒有現實考量就越純真。

(3)社團——從團體活動中培養領導能力，校園內的錯誤較可以被原諒。

(4)打工、實習——理論與實務的整合，瞭解時代脈動。

如果即將踏出校門，在此也以這四個必修學分，引用一些名人之言做個延伸：

(1)「完全沒有缺乏的人，也不可能再有更多的快樂了。」（三毛）

所以，應該有終身學習的觀念。

(2)「人生最大的悲哀不是失戀，而是沒有真正愛過一個人。」（白先勇）

付出一些時間、流幾滴淚、受一點傷，是想要有刻骨銘心的愛情必須付出的代價，「愛」常是越濃越苦。

(3)「一個人要說得盡興，必須有另一個人聽得入神。善言，能贏得聽眾，善聽，才贏得朋友。」（余光中）

懂得聆聽，你會是個成功的領導者。

(4)「不懂世情，叫人覺得危險；太懂世情了，又叫人覺得淒涼。」（蔡美麗）

不一定是宗教信徒，但能常保一顆虔誠感恩的心（聖）；不一定要成為哲學家，但要懂得時時自我反省（真）；不一定是藝術家，但有鑑識欣賞的能力（美）；不一定功成名就，但懂得造福人群（善）。

三、婚姻危機

男女自古以來就彼此需要，但生活在一起卻又有極大的困難。結婚長期同處，有點像賭博，壓錯了寶，可能要賠上下半輩子的幸福。通常新婚夫妻最容易遭遇的危機是：

(1)理想的落差

就像張愛玲的《紅玫瑰與白玫瑰》裡說的，紅玫瑰與白玫瑰結了婚以後分別成了「蚊子血」與「飯黏子」。

⑵相處的困難

相愛容易相處難，沙粒雖小，但揉進眼睛裡就是不舒服，有公婆、姑叔、妯娌在，更容易產生群我關係失調。

⑶財務的爭執

經濟問題很難協調，夫妻財產「分治」顯得生疏，「共有」在開銷上易起紛爭，「私房錢」又似乎是對彼此忠誠度的考驗。

夫妻如果能夠度過新婚時期的危機，接下來可能要面對的是懷孕生子的危機。周遭人有意無意的投以「生不生得出來」的懷疑眼光，常考驗著女人對事業的執著程度，過分投注在事業上，可能會賠上不孕的代價或高齡產婦的危險，如果確定懷孕，則：

⑴未知的恐懼

孩子健不健康、性別無法控制。

⑵外貌的改變

女性逐漸臃腫的體態，生產過後妊娠紋、靜脈曲張、胸部下墜等後遺症。

⑶夫妻的緊張

夫妻之間面對新生命的來臨，會有不同的感受和期待，學習聆聽→接受→回應彼此的感覺，調整夫妻關係是十分重要的。

家是神聖的，夫妻對家庭經濟應有妥善的安排，對於生養小孩應有仔細的計畫，共同創造一個屬於自己家庭特有的文化儀式，學習尊重個人的隱私權，給彼此獨立的時空，充實自我同時也保持身體的健康。

人在不同的階段會有不同的情感需求，所以婚禮上的誓詞「白首偕老、永浴愛河」是相當不容易的一門功課。而現代社會急遽變遷的腳步，使得夫妻角色發生變化，兩性關係自由許多，外遇問題頻傳，破碎家庭跟著增加。婚姻諮詢專家對這類事件提出的忠告是：

⑴要隨時隨地調整自己人生的信念，千萬不要停滯不前、終止學習。

⑵要不斷擴展「愛」的能量，愛自己，愛家人，也要能發自真誠的愛他人。

⑶學習尊重他人，給予他人自由的空間，也同時給予自己喘息的機會。

四、中年危機

在人生的青、中年階段，人們常會疑慮自己真正要做什麼，對自己的能力產生懷疑；成家之後，會有經濟壓力過重的問題出現；有時，待人處事拿捏不準，又易造成人際關係惡劣的困擾；如果家庭、事業一帆風順，有些人會不滿現狀，想要實現更高的人生理想，有些則安逸過久，反而無法適應社會價值觀念的轉換。

這些職業危機逐漸克服後，人到中年，築夢奮鬥大致都告一段落，男人往往「七子登科」，妻子、房子、車子、金子、孩子，加上肚子、禿子通通都有了，卻感覺自己彷彿是設定了職業階梯在消磨有限的人生，雖然步步高升願望達成，卻仍有「做無聊之事以過有涯之人生」的不安。女人犧牲青春歲月，全心全力拉拔孩子長大成人，這時也正是孩子們羽翼豐滿，正待展翅高飛的時候，女人心理的失落感，加上更年期的身體不適，都是大部分男女一到中年皆會面臨的「中年危機」。

中年危機的症候群是：

⑴子女長大離家，女性感覺不再被需要，男性不再有旺盛的創造力。

⑵女性更年期來臨造成的生理變化影響心理層面，男性增加啤酒肚，體力、外表的老化，失去焦聚，衍生自卑心態。

⑶懷疑性很高、缺乏安全感，容易氣憤、發怒，情緒不穩定。

對症藥方琳瑯滿目，大致可歸納如下：

⑴如果美容手術、運動健身，都無法挽回青春，就接受自己臉上的皺紋和身上的贅肉吧！身體健康，培養成熟、知性之美，才是上策。

⑵如果財力足夠，可以提升生活品質，享受比較高貴、深層、精緻的文化生活，創造適意、寬廣、有趣味的人生。

⑶如果覺得人生沒有意義，就嘗試去當社會義工，與人建立非功利的友誼，

不計酬勞的貢獻自己。可把「服務、犧牲、奉獻」的名言放在書桌前、刻在牆壁上，或紋在手臂上。

五、老年危機（死亡危機）

年紀一大，「力不從心」這句話並不能準確的描述出，由無用感所產生的極為敏感的自卑和消極心態。尤其是失去職業舞臺的男人，一旦回到一向為女人所專擅的家庭時，更易顯得意志消沉。君不見在公園裡溜躂徘徊不回家的老年人，有點陽盛陰衰的現象嗎？男人似乎從年輕到老都在逃家，只是理由不同罷了。老年人的心態是：

⑴需要依賴別人，卻又不想依賴、不服輸的矛盾心理。

⑵自憐、自艾又不甘願，不自覺的攻擊他人以保護自己。

⑶有接近死亡的恐懼感，和深度的寂寞感。

作家張曉風對於老年心態，曾有令人莞爾的精采描述：

早上，看見風和日麗，

穿了Ｔ恤短褲拿著球拍就走出門去的，是年輕人。

早上，看見風和日麗，

想了想，又多帶了件外套的，是中年人。

早上，看見風和日麗，

想了又想，終於覺得還是帶把傘比較妥當的，是老年人。

家裡有老年人的子女，應注意自己回應的態度，盡量給予足夠的安全感與溫暖，買禮物、給零用金、定期探望，不可忽視，並且記得不要吝於表現出肯定、讚許的支持眼光，尊重和鼓勵老人家多運動、多旅遊，擁有正常的社交生活，培養良好的宗教信仰。至於老人自己，除了自發自動的美化自己的生活外，也應開始認真考慮死亡的問題。面對死亡的心理過程雖然不容易，專家研究指出下列幾個過程：恐懼→否認→逃避→交易→接受→肯定（交代遺言），但是勇敢、積極的

面對，才不會帶來許多不必要的困擾。例如：

(1)提早處理自己的財務，避免日後的紛爭。

(2)表明遺體的處理方式，例如器官捐贈、火化土埋等等。

(3)立好遺囑，交代未竟之事，請子孫代理。

這是個人心徬徨、麻木又基進的時代。「徬徨」是因為價值觀念的混亂，KTV女性公關月入數十萬，理想經不起寒酸生活的考驗。「麻木」導因於欠缺問題感，隨波逐流，缺少深沉的反省與感受。「基進」是對宗教或道德的過度狂熱，認定自己的價值觀是唯一正確的選擇，嫉惡如仇，倡言治亂世用重典，對不同立場的人，視同敵人，水火不容。

以物質滿足需求，其實是會換來更大的空虛感；逃入宗教尋求安慰，痛苦不見時，宗教狂熱也可能跟著消失。我們之所以徬徨麻木、偏執基進，是因為我們與社會共生，為了適應人群，我們壓抑自我、遵守規範，以致於失去獨立判斷的能力，也喪失傾聽內在聲音的能力。人既是理性的動物，就應該發揮反省思考的能力，尋求出路；人若良善未失，應該不會否認，行善愛人的偉大情操，不僅幫助了別人，更重要的是豐富了自己。

人是一種尊貴的生命，貓會立志成為一隻好貓嗎？狗會希望自己對其他動物要有愛心嗎？不要枉生為人！

（中央警察大學「學生大隊」演講稿，1994 年 11 月 12 日）

 **推薦讀本**

V. J. Derlega & L. H. Janda 原著，《心理衛生 —— 現代生活的心理適應》(*PERSONAL ADJUSTMENT: THE PSYCHOLOGY OF EVERYDAY LIFE*)，林彥妤、郭利百加等譯，臺北，桂冠，1993，初版二刷。

▶ 本書文筆流暢，是一本將心理學的理論予以生活化解釋的作品，內容相當實用，舉凡自我自尊的追尋、性別的學習與認同、人際關係、行為異常等等，和現代都市緊張生活相關的主題，皆有詳盡而生動的討論。

Mary Ann Lamanna & Agnes Riedmann 合著，《婚姻與家庭》(*MARRIAGES AND FAMILIES*)，**李紹嶸 & 蔡文輝合譯，臺北，巨流，1991，一版三印。**
▶ 從兩性角色、選擇伴侶、夫妻關係、為人父母，到單身未婚、工作、權力、衝突、溝通等等問題，本書都有專章論述。

海倫‧費雪 (Helen E. Fisher) 著，《愛慾 —— 婚姻、外遇與離婚的自然史》(*ANATOMY OF LOVE: THE NATURAL HISTORY OF MONOGAMY, ADULTERY, AND DIVORCE*)，**刁筱華譯，臺北，時報文化，1994，初版。**
▶ 光看書名，就頗有可讀性，若能翻閱一遍，相信對於性、愛和婚姻中，兩性生物性的特徵與差異，會有十分有趣的發現。

Whitney Chadwick & Isabelle de Courtivron 主編，《愛人，同志——情欲與創作的激盪》(*SIGNIFICANT OTHERS: CREATIVITY & INTIMATE PARTNERSHIP*)，**許邏灣譯，臺北，允晨文化，1997，初版。**
▶ 這不是一本討論同性戀的書，而是收集了十三對文學界、藝術界的情侶檔（不限夫妻或異性），描述他們之間互相依賴、合夥共事，既是情侶又是競爭對手的互動關係，精采且感人。

安茱兒‧蓋博 (Andrea Gabor) 著，《愛因斯坦的太太——百年來女性的挫敗與建樹》(*EINSTEIN'S WIFE: WORK AND MARRIAGE IN THE LIVES OF FIVE GREAT TWENTIETH-CENTURY WOMEN*)，**蕭寶森譯，臺北，智庫文化，1997（原書 1995），初版。**
▶ 我在讀完此書後曾在扉頁上寫到：「閱讀此書之際，內心時時深受感動，隨著每

位傑出女性的生平點滴記敘，不知不覺也檢視起自己的生活，並試圖對模糊的未來勾勒清楚的輪廓。如果自己此生不過爾爾，也不忘叮嚀我摯愛的女兒 Vivian：要學會愛人的能力，更要努力實現自我；愛人但不依附於他人，獨立自主，勿負此生！1997.07.18. 寫於 Vivian 九個月大。」

 # 電影欣賞

柏納多·貝托魯奇 (Bernardo Bertolucci) 導演，《遮蔽的天空》 (*THE SHELTERING SKY*)，臺北，七福影視，片長 130 分。

▶ 一部不用心看會看不懂，看懂了會令人回憶無窮的電影。夫妻之間如果到了「食之無味、棄之可惜」，或者「相愛也相折磨」又難以突破的地步時，應該如何？

伍迪·愛倫 (Woody Allen) 導演，《我心深處》(*INTERIORS*)，片長 90 分。

▶ 一位端莊幽雅的妻子，奉獻一生扶持丈夫到事業的顛峰，卻在丈夫退休前夕，聽到丈夫離婚的請求，情何以堪？探討女性心聲的電影，五個女人，五種不同的性格和人生困境，頗能用來討論女性的典型處境。

克林·伊斯威特 (Clint Eastwood) 自導自演，《麥迪遜之橋》 (*THE BRIDGES OF MADISON COUNTY*)，臺北，嘉通娛樂標緻錄影，1995，片長 134 分。

▶ 外遇都應該口誅筆伐嗎？一位無法克制自己而陷入婚外情的母親，在偷情私奔和繼續當家庭主婦的抉擇中，選擇了後者，因為她顧慮到出走後丈夫的顏面、孩子的自尊，若沒有豐沛的愛人能力，怎麼可能有此明智之舉？

第八章　　價　　值

 **課前研討**

Q：若每個月存三萬，從二十五歲就業到六十五歲退休，估計可存一千四百四十萬元整，現有人即以此數目請你拍裸照，你願意嗎？

　　電影《桃色交易》在上映時，曾引起廣泛且熱烈的討論，該片述及富商（勞柏‧瑞福飾）願以百萬美金為代價，與心儀已久的有夫之婦（黛咪‧摩兒飾）共渡一宿，如果交易成立，那筆錢可立即解決其丈夫的經濟危機。電影引發的有趣爭論在於：「女人的貞操可以金錢來收買嗎？」有人認為對方是英俊瀟灑的勞柏‧瑞福，免費也可以；有人則視金錢的多寡再做決定，幾十萬是不用談，上百萬開始掙扎，若是千萬元那還猶豫什麼？當然也有不為所動的貞潔烈婦，別說稱斤論兩，即使只是個提議也已嚴重侮辱到她的人格。時代在變，人的觀念也與時推移，有些人大談「今朝有酒今朝醉」的論調，有些人則以「識時務者為俊傑」自勉，撿選最有利的條件行事，但也有人仍以清高自許，追尋罕見的道德情操。「桃色交易」這部電影之所以引起廣泛回響，就在於它把存在已久的價值衝突問題搬上螢幕，透過劇情的鋪設安排，讓大家掀出內心的疑問：遵守看不見的道德規範重要，還是適時抓住眼前的利益重要？貞操和金錢哪一樣有價值？

一、評價的活動

　　在日常生活中我們常說「這件事情有價值，值得用心去做」、「這件事情一點價值都沒有，不該為它浪費時間」，顯然這裡面有兩樣東西我們應先予以分辨清楚，即一個是「評價者」，另一個是「被評價的對象」。先就「評價者」而言，由於人受到成長背景諸多因素的影響，在評價事物時自然會有取捨之分，價值觀的多樣性，充分顯示出人類性格上的獨特與多元面貌。因此，評價者的評價活動，

一個主要的特色就是它的「變遷性」，不僅因時代的不同會有不同的評價，例如中國人的宮女、宦官、裹小腳、貞節牌坊等，在現代看來都是不人道的要求；並且文化的差異，甚至個人成長的經驗，也都會影響到個人的評價活動，所以它是變遷性的、相對性的。

但是，雖然我們對價值的認識（評價）是相對的、經常變動的，卻不意味著價值本身也是如此，多數哲學家認為價值本身應該是永恆不變的，一如我們對真理的認識般，有的人以虛妄為真理，有的人僅認識真理的一部分，我們對價值的認識也經常如此，如不是錯認某物有價值，就是只掌握價值的一部分，或偏重某部分價值。這裡我們就要接著討論「被評價的對象」，它可以分成兩方面來看，一個是「事物」，一個是「價值」本身。我們要問：每件「事物」都有「價值」嗎？「價值」是什麼？

「價值」涵蓋的範圍十分廣闊，它的複雜性不下於科學的問題，一百多年來已經有許多人致力於對 「價值」 做系統性的研究 ，而發展出 「價值論」 (value theory) 或 「價值學」 (axiology) 來。一般而言，我們可以粗略的將價值所涉及的領域區分為道德價值、經濟價值、實用價值、美感價值、生命價值等等，不一而足，它們之間雖未必發生衝突，但也不就是全然協調一致的，例如：一幅具備美感價值的名畫，它就未必是實用的或經濟的；當孟子說到「捨生取義」時，顯然此時他對道德價值的評估是遠高於生命價值的。價值領域如此廣闊，是不是每件事物只要評價者認為它有價值就能冠上價值之名？有人因此認為所謂的價值是一種主觀的認定，例如，「黃金」在人看來是有價值之物，但由貓、狗視之卻一文不值；不過也有人極力主張每一物之存在必有其存在的價值，這是一種客觀性的論調；持平而論價值應該是立基於人（主觀）和事物（客觀）之間的一種關係，這樣的主張較可為我們所接受，例如，水（事物）能載舟，有價值（人的評價），也能覆舟，沒有價值（也是人的評價），價值的有無來自主觀的感受，也來自客觀的事實。這種主客所建立的關係，有時是主觀成分多一些，例如我覺得咖啡好喝，你覺得茶味較香，這時主觀的感受對「價值」較有決定性的影響；但當我們說到「孝順父母」這件事時，其「價值」的認定顯然是客觀比主觀的成分要佔優勢了。

由此我們可以發現，價值也有等級之分，較低層次的價值，它的物質性、實用性較多，這時你說「只要我喜歡有什麼不可以」，的確是沒有人可以多做干涉；但是較高層次的價值，它的普遍性較廣，如同「可不可以殺人」這個關於道德、生命價值的問題，就絕不是只要我喜歡就可以專斷行事的，可見越高層次的價值，其客觀性質也應隨之升高。

所以說，價值是人和事物之間的一種關係，它在主客的互動中呈顯出它的意義來，亦即所謂的「價值」，它具備：

(1)恆久性

露水姻緣和恩愛一生的感情，顯然後者更為人們所嚮往；追求永恆，是與生俱來的欲望，有價值之事物，具備經得起時空考驗的特質。

(2)普遍性

對健康的要求，古今中外、男女老少，可以說人人有志一同，身心的健康狀況，普遍為人們所希望擁有；有價值的事物，基本上就具備有普遍為大家所需求之特徵。

(3)不可替代性

不論是對濟世救人的熱中，或對宗教信仰的狂熱，它們之所以值得吾人犧牲其餘以成就其事，就在於對它的迫切需要是不能以其他事物予以取代的；有價值的事物，就是不可以其他東西將之取代的事物。

(4)創造性

一潭死水很容易囤積垃圾、腐爛發臭，人在生活環境中是渴望進步、提升自我與自我實現的，當我們熱烈追求某項價值時，它通常讓我們相信源源不絕的創造力也跟著一起實現；所以，有價值的事物，就是具備創造性，或是可因之激發創造力的事物。

(5)和諧性

幸福、美滿、快樂的人際關係讓我們活得更輕鬆自在，具備這類性質的活動，我們經常是給予極高的評價；有價值的事物，是令人感覺可以擁有和諧幸福的事物。

　　價值具備恆久性、普遍性、不可替代性、創造性和和諧性的意義，人在對事物作評價時，會運用其中一項、兩項或多項性質來評判事物的價值成分，所以，價值意義在判斷的基礎上是固定不變的，但評價的活動卻隨著主體經驗的變遷而有所不同。既然談到經驗，就必涉及作為主體的人和作為經驗對象的客觀事物，因此，價值不能化約成為經驗者的主觀感受，也不能歸類成為客觀事物所具現的性質，它是主體和客體互動的結果。既然如此，檢查我們目前的價值觀，考核它在恆久性、普遍性、不可替代性、創造性和和諧性上是全部具備，或僅及一、二項？它的強度如何，較具有創造性嗎？較能達到和諧性嗎？人類存在的希望如果寄託在道德與精神資源的栽培上，其價值是不是比對有限的物質原料或短暫的物質享受不斷的挖掘、追求來得高呢？電影《桃色交易》中，那對恩愛夫妻與富商在經歷貞操和金錢的價值衝突後，發現有樣東西更有價值，它超越了貞操與金錢的對立，那就是彼此的「真心相愛」。可見在價值的選擇上，是必須多費點心思去比較、領悟和實踐它。

二、善惡的判斷

　　當代是自由主義、個人主義與相對主義掛帥的時代。所謂的自由主義，是指人們不僅要求擴大外在行動的自由（既要求政府要提升便民效率，又不能管束太多限制人民的自由），更追求內在意志不受擺布的自我實現之自由，這因此使得自由主義易與個人主義所標榜的，重視個人理性、利益和權力的思想相結合，也易與倡言無絕對之真理，只有較佳的、相對的真理之相對主義同聲一氣。在當代這種主流思想的交相運作下，傳統價值觀充其量只是「另一種聲音」、「某類值得參考的信念」，而不再是唯一主導人類生活的指標。多元價值觀的林立，不僅模糊了是非觀念，更混淆善惡判斷，為的只是個人的喜好選擇，「只要我喜歡有什麼不可以」，雖然只是一句廣告詞，但也不啻是頗為傳神的詮釋。

　　有史以來，人類價值觀念中的善惡勢力就不斷的相互糾纏，惡一旦盤據人心，就具備逐漸摧毀生命的力量，有人以 "live" 生命、生存一旦倒行逆施就成了

"evil" 惡，藉以形容惡之阻斷生命生存發展的破壞現象。惡從哪裡來？善從何處生？善惡的觀念隨時空的改變而改變嗎？（個人的、相對的）揚善抑惡有何價值？

1.善惡的意義

　　人類之結群而居，自然而然的反覆重複一些行為，形成風俗 (customs) 和習慣 (habits)，這是倫理道德的初步結構，有些學者將之歸類為：一組文化的理想或該社會的公共典範。對於一個社群而言，接受這些理想或典範，是成長過程中相當普遍而自然的現象，幾乎很少去質疑它的正當性，並且以盡力達成理想或合乎典範，視為是好的、道德的 (moral)、善的 (good)，反之，則被認為是非道德的 (amoral)、不道德的 (immoral)、反道德的 (antimoral)，或稱為惡 (evil)。

　　道德約束力是不成文的團體監視力，隨社群發展的逐步擴大和成員的不斷增加，為使最底線的道德要求具體實現，只好訴諸於擁有合法暴力的法律制裁來維護社會秩序。群體生活的紀律即是透過道德、法律來維繫，如果仍有人能無視眾人的譴責、躲過法律的裁判，剩下的就是宗教信仰中「善有善報惡有惡報，不是不報只是時機未到」的嚇阻力量了。由此看來，道德、法律和宗教是維繫社會穩定發展的三大力量，它們規範的內容是社群中成員判斷善惡行為的標準，這也就是一般我們描述善惡觀念的大致意義。然而，因其內容與社會發展的條件密切相關，以至於不同的文化形成不同的道德、法律和宗教體系，這也連帶影響到善惡判準的歧異性，甚至相對性。於是，我們接著要問，人性之中是否有共通的、普遍的、絕對的善惡內涵，可作為人類社群發展過程中共同遵守的規範？

2.善惡的根源

　　東西方哲學有個長久以來尚無定論的辯論主題，就是人性與生俱來的本質，究竟是善良的或是邪惡的？主張「性惡論」者最被攻擊之處是：如果人性為惡，何來立善之源？而堅稱「性善論」者對於社會到處充塞的邪惡亂象，則經常苦於無法回答。針對上述質疑，性惡論者通常主張，人們在自然狀態中，應該是弱肉強食、燒殺擄掠的戰爭狀態，因此，道德、法律之存在，是作為維持社會秩序的

必要手段，是後天發展出來的，因應人類結群而居的方法。

然而，我們還是可以從性善論的立場出發，思索人性之中是否有一共同、普遍之善，可作為道德、法律立論的根源，並且此一共同、普遍之善，能像數理中不證自明的公理般，作為演繹其他規範的通則？關於此點，有一頗具說服力的說法是，人雖是動物，但人是一種擁有特殊屬性的動物，其中，人之「結群而居的習性」(sociable) 就是特殊屬性中一項頗為明顯的傾向。人天生具備一種不可遏阻的喜於度過和諧有序的社交生活之盼望，就這一盼望而言，人性實可定義為善。因為，道德、法律的來源，即是根源於這種維護和諧共處的盼望，於是尊重生命、履行諾言、公平交易、賞罰有據等，為維護社會穩定發展的道德信念或法律規範乃應運而生。所以，人之本性已具備內在之善，而善為何物，善是合乎人類理性的判斷，理性渴望和諧共處的正確判斷。哲學家康德 (Immanuel Kant, 1724～1804) 和黑格爾稱這種理性的判準為人類與生俱有的「道德性」(morality)，沒有這先天的道德性，人無法形成道德判斷。

人類的理性能夠瞭解、評估其基本的生存需求，並選擇有效的行動方式去滿足其所需，關於如何解決食物、水、性伴侶等，乃至於透過工具的發明改良、勞動、工作、製造、讀書等汲汲營營努力不懈，都是為滿足生存的基本需求。人類不僅希望滿足基本需求生存下去，更希望和諧平安的生存下去，這種希望是深植於人性之中的，所以倫理道德規範應是人內在道德性的發揮，違反或傷害了這個本性，就會被視為惡。所以可以說，人類先天的、超驗的道德性，是人類共通的、普遍的、絕對的善惡依據。

3. 善惡的形成

那麼為何會有違反或傷害這種本性的行為產生？世界為何充滿那麼多的邪惡亂象？可以如下四方面分析之。

⑴惡可以對比善之不凡

首先，從宗教的立場來看。惡的存在，是宗教人士常感棘手的問題，故對這方面的分析向來即頗熱門。以西方基督宗教的信仰為例，人類為上帝所創造，上

帝是人類的肖像，人類理所當然也承襲上帝之美善，既然如此，何以會有惡人產生？基督徒的上帝不僅是造物主，而且全知全能、博愛世人，那麼，上帝何以要造出惡來磨難人類？以祂的全知全能應該有能力且希望除盡世上之惡，可是事實卻顯然相反，世上之惡到處可見，惡人經常因行惡而得利，反而是善人未必有善終。

　　為堅定信徒的信仰，宗教人士無不竭盡其慮的想要解決這個問題。有一種較抽象的說法是，任何人、事、物，只要是存在的，就其自身而言就是一種善（俗話說的「天生我才必有用」可略作比喻），惡是善的失序或反常狀態，它基本上是寄生在善之上，是原為善的人、事、物出了毛病才有惡的現象發生，所以，上帝只創造了善並未造惡。這衍生出的第二種說法是，如照上述說法來看，上帝雖沒有直接創造出惡，卻也等於間接允許了惡之發生的可能性，亦即上帝在創造善之初也創造了善的失序或反常的可能性，這無異於也創造了惡，否則就不要有任何創造。所以解釋惡之存在較為恰當的說法應該是，惡是一種試練，以作為光耀善之難能可貴的手段，換句話說，世界是人類靈魂的歷練之所，從惡勢力中淨化出來的心靈更能彰顯其善之不凡，道德是通過選擇才有意義，天堂也是由地獄比對出來的。

　　⑵惡是一種錯誤的認知

　　其次，以心理學的角度分析。人雖依據天生的道德性作道德判斷，但後天的生活環境容易誤導理性，短視近利，錯認立即可見之利益可增進自己的幸福。例如，偷竊者認為竊取他人之物，在不被發現的情況下，可立即滿足需求，所以是有利的、是好的，直到他「認知」到被發現後名譽上損失的不利，實遠超過他竊取該物所獲得的利益時，一般而言，是會克制偷竊的行為，甚至如更進一步的體認到，竊盜的橫行自己也將難逃被竊搶的時候，即會更進一步主張貫徹法律懲罰竊盜行為的必要。這可借用當代著名的心理學家郭爾堡所主張的，「道德認知」的心理發展六階段說，來說明道德認知的心理成長過程，亦即，由害怕懲罰→互助互惠→同儕認同→遵守法律→信守契約，到最後道德認知的成熟階段，就是超越一切利弊得失的衡量，為遵守道德而實踐道德的自律階段。惡是一種錯誤或不成

熟的認知，據此而論，加強道德教育的重要性已不言而喻。

　　蘇格拉底有句名言說：「德即是知。」他的意思是說，優良的德行是客觀的，它一如知識一般可作為研究的對象，透過理性的訓練，對於優良的德行能具備敏銳的覺知能力，可真正辨明真的善與假的善，一旦辨明，沒有人不會不身體力行的，不去力行，是未真正認知。不過，能知卻未必能行的情形，在日常生活中不乏例證，可見，德育應在知的方面訓練理性的辨別能力，在行的方面則要鍛鍊行善的意志力。

　　⑶惡是一種不良的習慣

　　再者，從倫理學的研究來看。亞里斯多德曾經指出，任何事物之善皆可稱之為「德行」(virtues)，他認為德行具備有四種特性：

　　A. 德行是後天養成的

　　稟性善良的人當然不少，但他們的行善，只是順性而為。後天努力、反覆鍛鍊的行善，一來比較不會因誘惑而放棄，更顯其不易，二來只有人才能自由表現出意志的抉擇。

　　B. 德行是自願的習慣

　　德行是理智判斷（理性部分）和意志抉擇（非理性部分）的合作，所產生的自動自發的行為，並且是經常性的行為，如偶一為善我們不能說此人具有德行，充其量只能說是行一善舉。

　　C. 德行是一中庸之道

　　德行作為中庸之道，是指一種對情感和行為具有決定性的選擇氣質，它受到理性的規範，我們據此規範以選擇相對於我們的「恰當」之物，過猶不及，中道意指德行處於一種特定的選擇狀態，它是兩種不道德之間的中項。

　　D. 德行貴在知行合一

　　能知能行是人心靈中知與行兩部分充分合作的完滿狀態，它表現出：對行為目的有充分之認識、有達到目的的意願、對行為的適當方法有審慎評估，以及有堅定不移的行動意向。

　　如上所論，刻意培養行善，使之成為生活中的習慣，德行就會變成自動自發

的行為；反之，作惡亦然，它也會在經年累月反覆的行為中變成習慣。習慣對人之影響十分深遠，軍人即使身著便服亦十分挺拔，終日殺豬宰羊的人，要他斯斯文文的舞文弄墨一番，常會有東施效顰之譏。所謂「貌由心生」，這句話可解釋因為習慣而自然流露的行為舉止，終日行善和作惡成習的人，表現出來的氣象自然不同。

⑷惡是專業分工下的推諉卸責

最後，以社會學的分析解釋。常聽人道「世態炎涼，人心不古」，苛責現代人的冷漠、失德、敗行。專業分工是團體生活中欲增進效率的必然發展，每個人的時間、能力有限，在團體中扮演專業分工的角色，使每個人各司其職，提升整體的效率。現代社會分工越來越細，專業化的程度也越來越精緻，雖然帶來許多好處，但它最大的後遺症，就是道德責任也被分割得支離破碎。

舉例來說，當我們發現違規車子被拖吊立即趨前意圖阻止，而對方卻不理睬繼續執行任務時，如果你向對方質疑當事人已出現在場何以仍要拖走車子，值勤的交通警察大概會回答說：「我只負責違規拖吊事務，合不合理的問題請你去問交通局。」如果你跑去臺北市政府交通局申訴，可能會得到如下的答案：「你違規的地方是新北市不是臺北市，問錯地方了。」諸如此類的現象影響所及，就是當群體普遍出現冷漠、失德、敗行等集體之惡的情況時，每個人也會像踢皮球般，把責任推給家庭，推給社會、學校、教育部，最後是推給國家。就如同警察集體貪污的現象，個人不會承擔自己行惡之道德責任，反而無奈的表示這是所謂的「警察文化」，「人在江湖身不由己」，個人無法直接面對現實負起責任，反而推卸給團體中的其他分子，如此一來，每個人都找到不必負責的說詞，整個團體的良心就被撕裂得幾乎蕩然無存。

三、行善的價值

前已述及，行惡是對生命的倒行逆施，長此以往，它終將腐蝕我們的生活，斲喪我們的心靈，破壞我們的生存。近代多數倫理學家主張，行善的真正目的是

它比其他方法要好、要普遍、要健康且較不會造成後遺症的手段。例如，與其你告訴別人「你不應該說謊」或「你不應該殺人」，不如仔細的向對方分析，說真話比說謊話較能解決問題，較不必為圓一個謊言再編一個謊言，或擔心被拆穿的窘迫；至於不應該殺人的理由，活得心安理得、安全快樂就是可見的實際好處。這就是說，道德規範不只是純粹的理論（應然）而已，它的意義就在它的實踐性（實然），行善在實際上之所以可行，就在於它的確可以為我們解決問題，若非如此，道德律令只是陳腔濫調的高論。

　　聖人並非為了成聖而建立道德規範，而是因為他的訓誡的確使身體力行者能獲得實質的利益，感受到生活的平安幸福，所以，當我們提出任何的道德規範或法律規定時，它們不僅是為實踐某些實際的目的所設計，而且也能真正達成效果，否則是空洞無用的。換句話說，以前面價值的五種性質來衡量，行善是值得貫徹的價值，當我們能辨明善事物且具體實踐時，恆久性、普遍性、不可替代性、創造性、和諧性，會在日常生活中匯流出旺盛的生命力，反之行惡既久，即使面無可憎之相，也絕不會冒出一股浩然正氣的。

 **附錄一**

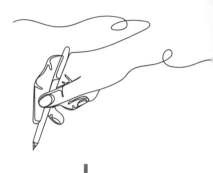

人的本質之探討

　　人類號稱為萬物之靈，那麼人類之優於動物之處在哪裡？孟子說：「人之所以異於禽獸者幾希，庶民去之，君子存之。」（《孟子・離婁下》）這個「幾希」依孟子之意，就在於人有「人心」：「心之官則思，思則得之，不思則不得也」（《孟子・告子上》），能思之心是人所擁有的獨特能力，是人之所以異於禽獸的地方，如果用另一種方式來表達，就是人是個「理性的動物」，人的本質就在於人的理性能力。

　　人是動物，而且是個沒有犀利的眼力，沒有靈敏的嗅覺、聽覺，跑不快，游不遠，無法展翅飛翔的動物。古希臘時代有一則神話故事指出：太古時期，諸神在適當的時機用火和土以及兩者混合的元素，塑造出宇宙萬物，並派遣 P (Prometheus)、E (Epimetheus) 二神分別賦予各物以相當的能力，以維持彼此間的平衡。E 神想要獨攬這項權力，就提議自己先下凡間去分派能力，再由 P 神做最後的審核。於是 E 神把強力、急馳、羽翼以飛翔、密毛厚皮以禦冬、尖爪硬殼以抗敵等所有能力分配給各物後，才發現唯獨人類給遺漏了。人類因為沒有一項為自我保存的天賦異稟，P 神前來審核後，乃趕緊從司火之神與司智藝之神中，盜取了用火的能力與技藝的智慧賦予人類，使人類得以自保。人類因為體質低劣而不利，但卻由於擁有智慧，而得以依賴這種複雜的天賦系統，裝配起來與萬物並

存於世。這個故事說明了，人不僅是動物，而且是種獨特的動物，人是各種能力業已衰退唯獨智力特別發達的動物。憑藉著這項「幾希」之力，人類累積他的技藝，形成傳統，引導進步，帶來文明。

　　理性能力既成人類所獨有的能力，我們接著就會問：操縱這項能力的來源是什麼？有人說這是「靈魂」的作用，有人卻反駁稱這只是人「肉體」內物理、化學性的複雜反應罷了。前者我們可以用「唯心論」(Idealism) 的觀點作代表，後者則以「唯物論」(Materialism) 的主張加以說明。依照唯心論之見，人是一部由靈魂所推動的機器，失去了靈魂也就失去了作用；這種理論的極端說法是，靈魂的能力表現在理性思考的運作上，理性思考不是在認識對象，而是在產生對象，所謂「存在即是被知覺」，人所知覺的對象只是純粹的思想內容，否認了物質世界的實在性。至於唯物論者則以物質和物理、化學的反應來解釋靈魂的作用，實際上就是否定了靈魂的存在；持此論者認為，整個世界都完全受制於物質條件的影響，不論是歷史的演變、生活的形式或生命的現象等等，都可以從物質的觀點提出說明：歷史文化其實就是反映經濟條件的發展過程，生活的形式不過是經濟發展過程中所產生的結果，而人的生命現象充其量是最複雜的物質結構下的反應，所謂「靈魂」的作用，不是不可捉摸的祕密，在科學顯微鏡的實證下，人類終將解剖出人體的奧祕，破解所有超物質因素的迷信。

　　顯然的，唯心論因過分強調主體的意識內容，而否認了物質世界的實在性；同樣的，唯物論者將人解釋成為僅僅是產生某種化學、物理學或心理學現象的有機體，人類所有的活動都可歸結成物質微粒所碰撞出來的結果，此種看法也失之過激，無法充分解釋整個世界超越物質事件的精神現象。如此一來，主張人是由靈魂（或精神）和肉體（或物質）所組成的完整實體之主張，就比較為人接受，這種理論我們泛稱為「二元論」(Dualism)。亦即人有屬於精神的心理作用，也有屬於物質的生理作用，人是靈魂與肉體的組合：肉體是靈魂活動的憑藉與表現，靈魂則也受到肉體，包括遺傳、感覺、疾病等因素的影響與制約，兩者是相互作用的。但是，這種理論有項盲點至今仍是哲學討論上的棘手問題，那就是靈魂如何傳達訊息給肉體，而肉體又是如何刺激影響靈魂？換句話說，精神性的靈魂是

如何與物質性的肉體緊密地結合成為一個整體？

　　關於人的本質之探討，主要是引導人們瞭解「人是什麼」這個問題，進而教導人們學習掌握人之所以為人的意義。哲學家的解釋雖然莫衷一是，各有所長也各顯困境，但他們不正都表現出一項事實是：人不僅需要物質生活的滿足，更需要精神生活的充實。而後者的圓滿程度，正是人之逐步脫離動物性階段，表現人之所以為人的價值所在。

（原載《中警半月刊》第六一二期，1993 年 12 月 1 日）

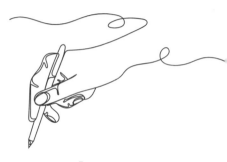

 **附錄二**

人性善惡辯的意義

　　一般而言,「人性」指的是「人生而有之」、「人皆有之」的內容,每個人不由外鑠且必然擁有的成分,我們稱之為人性,因此人性的意涵應具有普遍性的意義。那麼,是否有這種普遍性的人性存在?若有的話,它的實質內容是什麼?仁、義、禮、智、食、色、貪、欲、愛……是否皆可稱之為人性?

　　欲回答上述的問題,我們就需先對人性下個定義。通常我們要定義名詞時有兩種形式:一是將所要定義的事物就其字源、字義、特性,以精確的方式表達出來;另一種則是指出事物之本質定義。前者稱之為「描述定義」(descriptive definition),後者是為「本質定義」(essential definition)。大致上,我們比較容易做到描述定義,亦即以事物的字面意義、一般內涵,附加上該事物特有的性質,以便可與其他事物區分開來的限定為主;至於本質定義就很難掌握,因為它嚴格要求必須由「近類」(proximate genus) 加「種差」(specific difference) 才能指出事物的實質內涵,否則就無法建立完善的定義。例如,人的本質定義,即是「理性(種差)的動物(近類)」,這種本質限定,首先必須從同類的觀點下去尋求該物本質上的決定性因素(即種差),「理性」就是人從動物類中區別開來的決定性因素,所以說人的本質定義是「理性的動物」。顯然欲對事物作一描述性的定義並不困難,但是本質定義,因其所謂的「決定性因素」必須具有普遍性(如:凡人皆有

理性)、超越性(如:任何人種皆有理性)及對應性(如:人確實有理性)等,因此就顯得十分困難,有的哲學家甚至完全否定了本質定義的可行性。

　　人性問題是中國哲學的一個大問題,哲學家對人性的定義也多分歧且爭論不休:孔子說:「性相近也,習相遠也。」所謂的性是與「習」相對的那個「相近之物」,至於此相近之物為何?孔子並沒有進一步的闡明;到了孟子則明確指出此相近之物就是仁義禮智四端,「仁義禮智,非由外鑠我也,我固有之也」,仁義禮智是性中所固有的,不是外在強加上去的。因此,依孟子之見,人之所以異於禽獸的決定性因素,可以說是仁義禮智四端,一切道德皆出於此四端。孟子是以此說人性為善,但是是否即可為人性提出本質定義?很明顯的,荀子就反對此說,他認為人性之中並沒有仁義禮智四端,一切善的德行皆是後天教化、勉強訓練而成的,人的好利多欲所造成的惡行亂象,才是人的特殊性徵。凡此論辯至今未休,可以說人性善惡的爭辯,一直是中國哲學上的一個特殊且重要的議題。在與人性議題相關的論述中,諸如教育上的擴充四端或化性起偽、政治上的仁君仁政或嚴刑峻法,以及社會管理上的放任式的信任或獎懲性的控制等等,人性的本質定義常成為採取何種形式的立論根據。人性的本質定義不易得到定論,但探討人性善惡的問題其意義卻是明確的,至少從上述治理方式的差異即可看出,所持論點的不同將導致方法上的不同。此外,關於善惡的問題,我們還可以指出更深入的意義。

　　善惡問題從哲學的角度來看可有三個層次 : 一為物理的善惡 (physical good and evil),即以事物本身的價值來衡量其好壞的層次,例如水可以載舟是善,亦可以覆舟是惡;二為道德的善惡 (moral good and evil),即以人之行為是否符合道德規範作為善惡的判斷,例如真誠、正義、節制……是為善,猜忌、欺騙、貪戀……是為惡 ;三則為形上學上所討論的存有的善 (ontological good),存有是實現是完滿故為善,惡是實現的不足,是為善的缺乏,例如眼睛可以視物,此為眼睛本身所具有的善,若眼瞎則無法實現其視物的能力,是善的缺乏,故為惡。顯然,人性之善惡的討論是隸屬於第二個層次,及道德上的善惡,因為在這個層次上才涉及對人性的評價。

　　我們說人是個「道德存有者」，因為只有人才具備實踐道德的能力，而這個能力的根據為何？就是性善、性惡、性無善無惡或性善惡兼而有之說的爭執所在。不管定論如何，它們都指出一個共同的事實是，人是可以成就「道德生活」的存有者，此道德生活不僅在己為「獨善其身」，更要力求實現於群體中達成「兼善天下」的境界。亦即人不僅有自律的要求，勉勵自己修德養性成為善人，同時亦強調人與人之間維持一種和諧穩定的良善關係。道德生活的要求是出自本性的發揮也好，或來自外在的教化亦可，重點在於如何判斷善惡的「擇善」並努力貫徹之的「固執」，前者是理性明辨是非的作用，後者則是意志力的功夫。擇善而固執之，慎思明辨做一價值上的抉擇並堅持度一道德的生活，是號稱「萬物之靈」的人類存有者所可以獨享且高貴於萬物之處。這種立志向善的道德意願是人類獨具的能力，至於能堅持不輟、貫徹執行的功夫，正是凡、聖的區別所在。

（原載《中警半月刊》第六一六期，1994 年 3 月 1 日）

 **推薦讀本**

里西耶里·弗朗迪茲 (Risieri Frondizi) 著，《價值是什麼 ？ ——價值學導論》 (*WHAT IS VALUE? AN INTRODUCTION TO AXIOLOGY*)，黃藿譯，臺北，聯經，**1988，初版三印。**
▶ 「只要我喜歡，有什麼不可以？」這是一個價值觀模糊錯亂的時代，雖然如此，也不能驟下定論說，價值並不存在，只存在著個人喜好的問題而已。此書輕薄短小，卻對「何謂價值」，有相當綿密的論證解析。

謝勒 (Max Scheler) 著，《情感現象學》 (*THE NATURE OF SYMPATHY*)，**陳仁華譯，臺北，遠流，1991，初版。**

▶ 我們因為「同樂」與「憐憫」，雖只是間接參與別人的生活經驗，也能產生當下的瞭解體會，作者由此立場出發，解釋人類情感的諸種現象。

赫屈 (Elvin Hatch) 原著，《文化與道德 —— 人類學中價值觀的相對性》(*CULTURE AND MORALITY: THE RELATIVITY OF VALUES IN ANTHROPOLOGY*)，于嘉雲譯，臺北，時報文化，1994，初版。

▶ 從二十世紀初盛行至今的相對論，在倫理學上也因不同文化的相對價值觀，造成道德判斷呈現相對的理論，本書分析此種對立現象所產生現代倫理學的諸般困局，並試圖提出可能的解決途徑。

勞倫茲 (Konrad Lorenz) 著，《所羅門王的指環 —— 與蟲魚鳥獸親密對話》(*KING SOLOMON'S RING*)，游復熙、季光容譯，臺北，天下文化，1997（原書 1949），初版。

▶ 我們常一廂情願的用人類的價值觀，去評論動物的行為，其實「和平鴿一點也不愛好和平！」「鬥魚會不會分辨各自的伴侶而拒絕偷情？」動物學家的生花妙筆，不僅令人耳目一新，更叫人開懷不已。

 # 電影欣賞

奧德瑞·連恩 (Adrian Lyne) 導演，《桃色交易》 (*INDECENT PROPOSAL*)，臺北，協和影視，1993，片長 117 分。

▶ 富豪以一百萬美金的代價，交換與你心愛的妻子共度一宿，並且這一百萬美金（可試著以 1 比 35 的匯率折合一下臺幣是多少）能立即解除你的財務危機，你願意嗎？好像沒有掙扎的理由！

亞倫‧派克 (Alan Parker) 導演，《阿根廷別為我哭泣》(EVITA)，臺北，嘉通標誌聯營系統，1997，片長 134 分。

▶ 出生於窮鄉僻壤的小女孩，為擺脫宿命，不擇手段的利用男人為階梯，終於登上權力的最高峰，貴為一國之國母，卻旋即因罹患癌症而病逝，十分戲劇性的一生，卻是真人實事的傳記電影。

哈利‧胡克 (Harry Hook) 導演，《蒼蠅王》(LORD OF THE FLIES)，片長 86 分。

▶ 因墜機意外被漂流到荒島的一群小孩，企圖依照大人世界的民主模式，在荒島上建立秩序，卻因求生存無法堅持民主而淪為專制統治，並展開一場廝殺。諾貝爾得獎巨著改編的電影，有相當多的討論題材。

法蘭克‧斯多克頓 (Frank Stockton) 原著 ，《美女或猛虎》 (THE LADY OR THE TIGER)，大英百科錄像系列，臺北，年代影視，片長 27 分。

▶ 專制獨裁的國王有一套自認公平的法律，即將罪犯放在圓形廣場裡，由他自己打開眼前的兩道門中的一扇門，如果出現「美女」，表示他是無罪的，可立即釋放並與美女結婚；反之，另一扇門裡的就是「老虎」，一旦打開的是老虎的門，表示就是有罪，當場即會被飢餓的老虎撕裂。現在，一位俊美的侍衛與公主偷偷相愛，被國王發現後，侍衛也被抓到圓形廣場中，由他自己去開啟生死之門，其中公主已打聽出哪扇門後面才是美女，不巧這位被遴選的美女又和侍衛有私通之戀情，如果侍衛打開的是這扇門，正好可以圓了美女的願望。各位猜想，公主會暗示情人打開哪扇門？美女或猛虎？

09

第九章　道　德

課前研討

Q：一個居德行善的人卻厄運連連，或一個素行邪惡的人卻沒有得到應有的懲罰，你會如何看待此類事情？

從管理的角度來看，社會秩序的管理通常透過三種管道：一為宗教，二為道德，三為法律。宗教是神對人的管理，道德和法律則是人與人之間相互的約束，道德是不成文的團體監視力，法律是成文的國家公權力。宗教透過自願接受的「信仰」方式，法律經由合法的「制裁」力量達到管理的目的，然而道德的約束是否可能？越來越多的研究顯示，道德發展是一種「認知」的過程，認知的成熟度影響道德感的成熟度，如此一來，個人道德發展顯然是具有差異、變遷與不穩定的性質，那麼道德教育是否可能？如果可能，要教什麼？如何教？這是本文所要探討的主題，以下將分三個方向闡明：一、道德認知的發展，二、道德法則的辨識，三、道德價值的實踐。

一、道德認知的發展

許多心理學家把道德視為社會長期進化的現象，是原始人類共處的簡單規範，發展成習俗，再演變成一組文化理想的結果。源自於希臘文的 "ethic"，和源自於拉丁文的 "moral"，本意都有風俗習慣、人格氣質的意義。中國字的「倫」意指人際關係，人倫往來應遵守的理則，所以「倫理」可指外在的規範；「德」古字可通於「得」，天地人倫之道有得於我心，因此「道德」可指內在的涵養；倫理以道德為基礎，方能顯示外在規範的實質意義，而道德的養成通常是透過倫理的學習，逐漸內化為個人的修養。當代瑞士學者皮亞傑 (Jean Piaget, 1896～1980)，和美國哈佛大學心理學家郭爾堡，都以實證的方式，論述道德由外在規範成為內在涵養的發展過程，提供了道德認知心理發展的理論基礎。

首先，以皮亞傑來看，他認為，道德認知起源於遵守規則，尤其是兒童的遊戲規則，規則導引出協作，協作產生責任感，責任感建立道德意識。因此，人類的道德認知不是一出生即已完備，而是經由發展而來：從不知有任何約束規範存在的「無律」階段，進入被動的接受來自成人長者的道德準則的「他律」階段，到自覺的自我約束，能意識良心自我譴責作用的「自律」階段。

其次，就郭爾堡而言，他也提出道德發展的階段說。他認為，人如果要成為一個完善的道德行動主體的話，通常需要通過六個階段，它們分屬於三個發展的層級，即：「成規前期」(pre-conventional level)、「成規期」(conventional level) 和「成規後期」或「原則期」(post-conventional level, or principled level)。在成規前期中，兒童的道德判斷先經過 「以避免懲罰而服從為取向」 的階段一 (the punishment and obedience orientation)，和 「以互惠關係為取向」 的階段二 (the instrumental relativist orientation)；之後，在成規期時進入 「以和諧的人際關係或『成為好男孩好女孩』 為取向」 的階段三 (the interpersonal concordance or "good boy-nice girl" orientation)，和 「以法律與秩序為取向」 的階段四 (the "law and order" orientation)；最後，在成規後期，區分為兩個階段，即「以尊重合法的社會契約為取向」的階段五 (the social-contract legalistic orientation)，和「以普遍的道德原則為取向」的階段六 (the universal ethical principle orientation)❶。郭爾堡主張，道德發展六階段的演進過程是固定不變的，任何一個人都無法領悟超過其所處階段的道德判斷，這和年齡並無直接的關連，卻和道德認知的程度密切相關；而人道德認知的差異以及道德判斷階段的遞升，根據郭爾堡的分析，是因為人的理智受到比自身所處階段更高的階段所吸引，換句話說，更高階段的道德推理，

---

❶ Lawrence Kohlberg, "FROM IS TO OUGHT", in *COGNITIVE DEVELOPMENT AND EPISTEMOLOGY*, ed. by T. Micshel, Academic Press, New York, 1971, pp. 164～165. "MORAL STAGES AND MORALIZATION", in *MORAL DEVELOPMENT AND BEHAVIOR: THEORY, RESEARCH AND SOCIAL ISSUES*, ed. by Thomas Lickona, Holt, Rinehart and Winston, New York, 1976, pp. 34～35.

比原來的階段更完善，更能說服理智接受，也更能解決道德衝突；到了最後階段，人們更是可以擺脫先前聽命行事、互助互利、功利考量和遵守法律、契約的道德判斷取向，達到自我規範、自我限制的普遍道德原則階段。

如果我們接受皮亞傑和郭爾堡的觀點，道德就成為可教授的科目，但我們不禁要問，何種道德內容可被傳授？道德內容是社會長期變遷的產物，不同文化又有不同的理想目標，那麼是否有普遍的、共通的道德法則存在？

二、道德法則的辨識

不論是在日常生活中或是在哲學的討論裡，關於善、惡，對、錯的爭論是經常發生的，不同的人所做的道德判斷，不僅有所不同，有時甚至差異很大。為了有可以為大家一起遵守的規範，以實現共同生活中善惡經驗帶來的利益考量，道德的最底線透過法律予以明確的規定，如此一來，不一樣的地區或文化就有著不同的法律存在，那麼道德本身是否也呈現如此相對的性質，而非放諸四海皆準的普遍法則？哲學家休謨的懷疑論，就提供了如此的解釋，他認為，道德法則和科學定理一樣，皆無普遍的必然性，甚至是非理性的。

先從休謨對科學定理的普遍性之質疑說起。休謨認為，人們之所以相信科學定理具有普遍性，是由於經驗的一再觀察而來，但是這種經由經驗歸納而得的定理，究其實只是吾人「習慣性的期待」，並不具備普遍必然的性質。以羅素所舉的例子就是，有一隻雞發現每次農婦一出現牠就有東西吃，於是牠歸納出農婦和飼料之間必有關連，沒想到有一天當農婦出現的時候，是來扭斷牠的脖子。因此，就休謨而言，科學定理中「一件事情發生後另一件事情也跟著發生」的因果關連，並不是理當如此的事實，而是人們心理習慣性的期待現象，既然科學定理是心理習慣性的期待，它就不是出自於理性的決定。以命題的表現方式就是，沒有任何「X 是 Y」的分析命題，足以用來解釋實在的世界，「X 是 Y」的分析命題可以應用到實在的世界必須是以假設的方式來表現，亦即「假如 A 是 X，則 A 必定是 Y」 ❷。

　　分析命題和綜合命題，依照康德的界定是：述詞對主詞的概念無所增加，只是把主詞原來含混不清的概念予以分析澄清而已，稱之為「分析命題」(analytic judgments)；如果述詞的概念不為原來主詞的概念所包含，反增添原主詞的意義，即為「綜合命題」(synthetic judgments)。康德以「凡物體皆是延擴的」(All bodies are extended) 和「凡物體皆是重的」(All bodies are heavy)，兩例子分別解釋前者即為分析命題，後者即是綜合命題❸。分析命題的述詞其意義包含在主詞中，但綜合命題則不是，所以述詞可以增加主詞的內容。這樣的區分是用以說明，科學定理和道德法則實際上也是一種綜合命題而非分析命題。因為分析命題是一種先天的知識、普遍必然的知識，其源自於主體的形式，是獨立於經驗之外，先於經驗而存在的。依照休謨之見，科學的實驗證明，只是碰巧的經驗歸納，並不能保證所有其他的例子也能獲得相同的結果，但我們卻對無法藉由經驗一一證實的部分也一併承認，顯然這是非理性的；同樣的，對於道德判斷，例如「說謊是錯誤的」，「錯誤的」這個述詞不能直接由「說謊」這個主詞的意義中分析出來，所以是一綜合命題，主詞和述詞之間沒有普遍必然的關連，只是有限經驗的觀察結果，因此，也不能認定道德判斷是以理性為基礎。

　　根據以上的分析，休謨傾向將道德判斷視為一種情感的抉擇，亦即，當我們決定實踐道德時，是出自於情感的決定而非理性的考量。例如，幫助老人過街，是因為我們同情他的處境而不是理智發達的結果。因此，休謨認為，一個道德判斷只是表示某件事情引起我們某種感覺，我們沒有充分的理由足以說服他人也必須如此感覺，或這種感覺應為大家普遍擁有。「是不是」的實然判斷，不能歸納出

---

❷　「假如 A 是 X，則 A 必定是 Y」的命題形式，除非我們都能經由經驗證實其無限的假設性，否則它對實在世界的解釋只具備實用的性質，卻不能提供邏輯的必然性，而事實上「A 是 X」這種經驗的證實是不可能窮盡的，因此，科學定理，依休謨之見，沒有先驗的基礎，只有預測事件將可能如何發生的實用性質而已。

❸　Immanuel Kant, *CRITIQUE OF PURE REASON*, translated by N. K. Smith, New York, 1964, pp. 48～49.

「應不應該」的規範論述；以休謨的結論就是，道德判斷無所謂的理性或邏輯存在，在先驗的基礎上無法顯示其普遍必然的性質，只能視其為經驗中個人的感覺而定，道德判斷是綜合命題的形式，沒有先天必然的依據，所以其對錯無法獲得最終的證明❹。

　　休謨的理論，康德試圖以「超驗的必然」(transcendental necessity) 提出先天綜合判斷的可能，為道德判斷尋找先驗的基礎。依康德之意，應用純粹理性原則而超越經驗範圍是為 "transcendental"，即使綜合命題缺乏邏輯的必然性，但在 "transcendental" 的意義上，除非我們認定某些理性原則為普遍必然，否則無法累積經驗形成知識。換句話說，辨別是非的能力就像人類其他的理性能力一樣，是與生俱有的，是一切經驗和認識之所以可能的基本條件，所以道德法則可以是先天綜合判斷，存在於經驗之先，它是形式的，它更是一種「無上命令」(categorical imperative)，不因時、因地、因人而改變，並且可以經由經驗證實。那麼如何去確定這種道德法則？康德認為可以「普遍化」(Q) 視為「道德法則」(P) 的必要條件 (P→Q)，意即「只依你能且願使之成為普遍律的格律而行動」，「普遍」不是指沒有例外，而是指「能讓所有人在所有類似情況下遵守」的意思，「不能被普遍化的格律是非道德的 (nonmoral)」❺。康德進一步以行為的動機來衡量行為的道德價值，只有動機可作為道德判斷的對象。行為的結果，因為常受外在條件的影響，所以和道德無關。行為的動機為善，即使結果為惡，仍不失為一種善行。在道德的實踐上，康德注重的是意志的自律，以人的意志能夠自立法則，並且自勵遵守，把道德法則當作人之所以為人的義務，且有「行為自身即是目的而非手段」的情操，這種受義務感驅使的行為，沒有求賞避罰的動機，康德認為是道德的至善表現。

---

❹ David Hume, *A TREATISE OF HUMAN NATURE*, ed. by L. A. Selby-Bigge, Clarendon Press, Oxford, 1968, pp. 413～472.

❺ 關於康德的「無上命令」，參見 William K. Frankena 原著，《倫理學》(*ETHICS*)，李雄揮編譯，臺北，五南，1991，頁三八～五六。

三、道德價值的實踐

　　康德以先天理性的形式和意志的自律為基礎,將個人的格律普遍化為道德律,以確立道德法則的說明,吾人認為,仍不足以用來判斷道德法則的實際內容,並且,將道德法則視為無上命令強迫自我遵行的義務感,忽略了實踐道德與自身利益相衝突時,義務感從何發生的問題。不過,哲學家的理論,雖然對於道德法則的普遍性仍無法達成共識,但至少提供我們一種認識是：道德判斷隱含著理由,而理由不能只適用於個別情境。

　　因此,在道德教育的過程中,如以郭爾堡的理論來看,成規前期和成規期的德育內容,可以社會的風俗習慣、倫理規範、法律條款,作為具體遵循的教材,透過懲罰、互惠、和諧、守法的方式達到教育的效果。但到了成規後期或原則期時,不僅道德原則在自相衝突時（例如忠孝難兩全的問題）,個人有優先順序的選擇性,甚至對單獨的道德原則之認知,也會呈現相對性,這就是因為道德判斷隱含著理由,而理由本身有明顯的價值考量。亦即,決定實踐一項道德行為時,行為者會訴諸理由來支持其決定,通常這些理由都涵蓋著價值的判斷。為了防止道德的評價活動,淪為權威的控制,或墮落成利益的盤算,有必要在教育的階段中提供關於道德思辨的訓練,藉以幫助個人在實踐道德規範時,不但達到自律的要求,且能更進一步地提出理由和原則來證明其決定,而這些理由與原則也能接受理性的質疑、批評、討論或支持。因為前已述及,道德原則的普遍性無法獲得經驗的證實,唯有提出理由證明自己的論點,並開放自己的論點接受挑戰,我們方能結論自己的決定在道德上是正確的,而且有付諸行動的價值❻。

---

❻　例如,本人常在課堂間和學生討論「亂倫」的問題,「亂倫何以成為一種禁忌？」做此質疑並非即是要肯定亂倫的正當性,反而是藉以釐清我們對習以為常的道德禁令的重新確認。通常學生都會開始反省自己與父母兄弟姊妹之間的關係,試圖從遺傳學、從家庭倫理各方面提出論辯理由,最後本人則會綜合一些較有力的論證,提供給學生做參考。亂

　　據此而論，道德論證總是會面臨新情境、新詮釋、新考量，而呈現暫時性、變遷性，吾人應該有接受他人批評的雅量與習慣，並訓練自己有為道德抉擇護衛的思辨能力。通常在道德價值的評估上，除了「普遍性」的要求外，若也能兼顧「恆久性」、「創造性」、「和諧性」、「不可替代性」，則道德論證的堅持將更具說服力。至於作為一個教師，在引導學生做道德論辯時，是純粹的道德描述或也可以做道德評價呢？教師的道德評價，常常有另立權威之嫌，並且也容易淪為道德說教。因此，個人認為，教師應盡量避免對道德論爭做結論，在德育訓練過程中，從以下三方面引導學生討論：

　　⑴在道德判斷上，就事實的發生狀況提供全面的考量，訓練學生有更周詳、通盤的考慮。

　　⑵在道德推理上，以理性的邏輯推理取代權威式的論述，讓道德論爭是被說服而非被壓迫而達成共識。

　　⑶在道德實踐上，啟發實踐道德自律的動機，視個別認知發展的情況給予適當的刺激，亦即因材施教。

　　如果教師在德育訓練過程中，無可避免的流露出個人的道德價值判斷，也應要求自己證明所採取觀點的合理性，並開放接受論辯，如此一來，道德教育的自律階段方有可能實現，道德行為自為目的而非手段的理想也較能達成。

　　倫成為禁忌的理由主要有四：

　1.在遺傳學上：近親繁衍易因單一病毒即遭滅種。

　2.在人類學上：⑴家族以女性作為擴大結盟的工具而禁止與族人結婚。

　　　　　　　　⑵為避免如父、女之婚生子的稱謂問題之困擾，且維護家族倫理秩序，故訂立規範禁止之。

　3.在社會學上：亂倫常是擁有權勢者，對天真無邪、無以自保者施壓剝削的結果，這種暴力加諸的傷害，理當受到制裁。

　4.在心理學上：亂倫禁忌是心理學的自然進化，觀諸猿猴類動物，亦對家人「性」趣缺缺，此即，相處日久即失去性吸引力的現象。

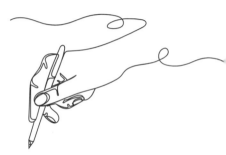

附　錄

善有善報嗎？──談德、福衝突

　　小時候看電視劇常問大人：「那個人是好人還是壞人？」然後在三十集的連續劇中，看著壞人耀武揚威的風光了二十八集，剩下最後兩集，好人方才苦盡甘來，揚眉吐氣，可是戲已落幕，另一齣新戲緊接著登場。那時候常想，當壞人好像比當好人有利！至少快樂的日子比較多，當好人真辛苦，要處處忍耐、事事吃虧，最後還得來個「以德報怨」，壞人只要有心懺悔，前仇舊恨也可一筆勾消，為什麼要當好人？在現實生活中，螢光幕上的劇情更是活生生的在周圍上演：常見的例子是，一場大火或有人溺水，救人的人反而身遭不幸；路見不平、拔刀相助，可能解圍不成還被殺成重傷；有時翻開報紙看到飛機失事墜毀，機上乘客全部罹難，不管好人、壞人，一起向閻羅王報到，好人未必就有好下場。如果我們再來看一下歷史的記載，對於「善有善報、惡有惡報」的疑慮就要更加深了：賢如顏回竟病死於陋巷，子路被剁成肉醬，伯夷、叔齊不食周粟餓死首陽山，比干赤膽忠心勸諫商紂王卻慘遭挖出心肝；反觀相傳壽命最長的彭祖，他的智慧「不出堯舜之上，而壽八百」，春秋時代的大惡棍盜跖，殘暴凶惡、殺人無數，反而福壽雙全，叫人豔羨。「善有善報、惡有惡報」嗎？顯然人生的經驗具體地告訴我們，為善不但常與自己的利益相違背，而且不見得會得到好的報償，為善之「德」和善報之「福」，的的確確存在著令人遺憾的衝突。

　　針對這個問題，有人提出「時機」的解釋，以堅定人們行善的意願。亦即，賞善罰惡不是不兌現，而是時機未到，這個時機從「今世」延伸到「來世」也推衍出「前世」：今世的福禍報應，不但與前世休戚相關，且累世的作為，關係著來世的福禍深淺。既然如此，誰有資格、有能力超越時空的限制，大公無私地來審判我們生生世世的作為，而給予我們善報或惡報的最後定奪呢？德國哲學家康德指出，為解決我們在實際生活中經常體驗到的德、福難以一致的衝突事實，人類推論出一位全知全能、永恆不朽的上帝存在，以作為公正的裁判者，並且認為人的靈魂是不朽的，才能接受死後的審判，既然上帝必須根據人的善行、惡行而給予善報、惡報，所以也必須肯定人的意志是自由的，可以自由的選擇行善或作惡，這樣人們才有理由為自己的所作所為負責。「上帝存在」、「靈魂不朽」、「意志自由」是康德所謂的「純粹實踐理性之三大設準」，它們是理性的玄想而非事實成立的論據。換句話說，究竟有沒有全知全能的神在監視著我們？靈魂是不是在肉體死後仍然繼續存在？人的一切作為是否真的是自由意志的選擇而非命運的預先安排？這些問題，我們只能在思想中去預設，卻無法在具體的世界中求得證明，但依照人心的要求，亦即對「善有善報、惡有惡報」的盼望，三大設準的成立有其高度的實踐性意義。

　　如果我們不接受有所謂的前世來生之說，不依靠宗教信仰的約束力量，也不期盼德行可為我們帶來任何的福報，那麼在當前的生活中實踐道德、成就善行，仍有意義、仍值得去做嗎？

　　我們都知道只有人才配稱是「道德存有者」，因為只有人才具備實踐道德的能力。依照中文字義的解釋，「道」者人之所共由，是天、地、人、物共通的法則；「德」者得也，人之所自得於心者；「道德」意指對於天地之道有得於心時所顯現的性質，我們稱之為「德性」，依德性行事可視之為「德行」。此外，「倫理」一詞常與道德兩字合用，「倫」可指明是某種群類、秩序或人際關係；「理」者條理、法則也，萬物之道理也；「倫理」可以用來表示人際關係中應有的行為規範。簡單的說，「道德」可指內在的德性，「倫理」意指外在的德行，《中庸》上說：「天命之謂性，率性之謂道，修道之謂教。」人既為「道德存有者」實踐道德依循倫理，

是順天應理的分內事。應強調的是，道德行為的成立至少需涵蓋三個條件：⑴認識自己正在做什麼，⑵是自願去做這件事，⑶因為此事正當而去做。這三個條件也顯示出對道德價值予以評價時，個人主觀見解的差異導致在實踐道德行為時的不同。道德本身是不會發生衝突的，例如忠、孝，只有在實踐道德時，才會碰到「忠孝不能兩全」的情形。因此，認識自己的行為，瞭解德行之間有輕重緩急之分，對道德價值知所抉擇，並且由於我就是這種人而非別種人故自願地去實踐它，這是一種德性的自然顯現，當然，它應該兼顧到外在的倫理關係，即它是正當的行為，而非破壞性的舉動。

　　行為舉止實現了內在的德性修養，也合乎了外在的倫理規範時，除了可以帶來預期的社會秩序以外，對於我們個人有何「好處」？亞里斯多德認為，有德之人的生活是一種十分快樂、幸福的生活。這種說法有許多人深表贊同，但同時它也被批評有功利主義的傾向。若我們相信「德行可以帶來福樂」，那麼一來德行本身變成不是真正的目的，反而成為獲得快樂、幸福的手段，福樂才是真正的目的，如此將導致為實現福樂之目的，隨時可更換我們的手段，德行本身淪為一種工具，它可被隨意的取代，只要其他手段顯得更有效率、更能達到目的時，行善的動機就可以不必那麼堅持，福樂價值勝於德行價值，這種以一己之私利來考慮道德之價值的態度，顯然已失去行善的意義；二來根據人之常情推斷，行善未必就能獲得如期的快樂，例如下班回家疲累不堪，在公車上好不容易有了個空位可以坐下小憩一會兒，卻看見有老弱婦孺迎面而來，這時是繼續假寐裝作沒看見，或趕緊起身讓座呢？強調行善常樂的人忽略了人的情感容易陷溺的實情，亦即偶一為善，輕鬆容易，若要時時行善，恐怕就要吃不消，善行德表的堅持不輟，是必須有堅強的意志力為後盾的。

　　依照康德的解釋，善行應該有其內在的價值，它並非來自外在的好惡傾向或依靠有無善報惡報的結果才成立，我們不應該用利益的觀點來衡量道德的立場，實踐道德是人的義務，它絕不應帶有任何功利的動機，它是「順天應理的分內事」。「德行本身即是目的而非手段」，很多時候，快樂、幸福或利益是很難估算的，「失之東隅收之桑榆」，所以道德價值自為目的，且獨立於所有目的之上，它

是人生之終極目的，實踐道德是人之理性的絕對命令。為何行善？不是為了取悅上帝，也不是為了沽名釣譽，行善之目的就是因為我要行善，理性告訴我行善是我身而為人的義務，為行善而行善，為道德而道德。

（原載《中警半月刊》第六三〇期，1994 年 11 月 16 日）

 # 推薦讀本

威廉・法蘭克納 (William K. Frankena) 原著，《倫理學》(*ETHICS*)，李雄揮編譯，臺北，五南，1991，初版二刷。
▶ 有志深入研究倫理學的人，這是一本需要逐章細論的專門論著，如欲撰寫相關論文，值得推薦參考，若是想當成「廁所文學」幫助抒解，則小心便祕。

麗莎・庫馬克 (Lisa Kuhmerker)、烏爾・吉倫 (Uwe Gielen)、理查・海耶斯 (Richard L. Hayes) 原著，《道德發展——柯爾堡的薪傳》(*THE KOHLBERG LEGACY FOR THE HELPING PROFESSIONS*)，俞筱鈞等譯，臺北，洪葉文化，1993，初版。
▶ 兒童的道德教育十分重要，從小啟蒙並培養習慣，將他律的德行條目內化成為自律的準則；德行是習慣也是知識，本書援引許多實例和方法證明道德的可教與可學性。

丹尼斯・洛伊德 (Dennis Lloyd) 著，《法律的理念》(*THE IDEA OF LAW*)，張茂柏譯，臺北，聯經，1989，第五次印行。
▶ 這是一本條理分明的權威之作，每一章都是我們經常思及和法律相關的重要題材，例如法律和強制力、道德、正義、自由等等的關連，豐富我們對法律的認知。

莫蒂默·阿德勒 (Mortimer J. Adler) 著，《六大觀念：真、善、美、自由、平等、正義》(*SIX GREAT IDEAS: TRUTH, GOODNESS, BEAUTY, LIBERTY, EQUALITY, JUSTICE*)，蔡坤鴻譯，臺北，聯經，1991，第六次印行。

▶ 很多教授哲學概論的老師，喜歡用這本書作為教科書，因為這不但是一本初學者可以讀懂的書，而且其所探討的六大主題，更是我們日常生活中相當重要的問題。平常就喜歡讀讀哲學書的人，此書能夠提供給讀者關於道德、社會、價值等嶄新且深入的見解。

 # 電影欣賞

巴貝特·施羅德 (Barbet Schroeder) 導演，《親愛的是誰讓我沉睡了》(*REVERSAL OF FORTUNE*)，臺北，年代影視，1991，片長 111 分。

巴貝特·施羅德 (Barbet Schroeder) 導演，《兇殺後》(*BEFORE AND AFTER*)，臺北，嘉通標誌聯營系統，1996，片長 107 分。

喬依·舒邁克 (Joel Schumacher) 導演，《殺戮時刻》(*A TIME TO KILL*)，臺北，嘉通標誌聯營系統，1996，片長 149 分。

▶ 法律是簡化的通則，對於處理犯罪行為仍有未竟之失，當法律無法證明某人有罪而必須讓嫌犯無罪釋放時，法外之救濟行為是否可行？公義無法執行，是否可以行之以私義？道德的譴責對於鐵石心腸之徒能發揮什麼作用？三部電影均和這些問題有關，電影欣賞完後，往往能激起相當大的討論空間。

10

第十章　真　理

課前研討

Q：你認為世上有永恆不變的真理嗎？什麼是「真理」？

　　哲學以語言分析和邏輯推理作為主要工具，研究人們所關注的事物，區別其中的真理與謬誤，這是哲學知識論的重要任務。二十世紀語言哲學大師維根斯坦 (Ludwig Wittgenstein, 1889～1951) 認為：知識是以語言作為傳達媒介，語言分析應先於知識的批判。知識由語句構成，語句從字詞開始，所以，此處就先從邏輯思維的訓練入手，再來討論知識的真假問題。

一、邏輯學 (Logic)

　　W. Drummond 說：「不能推理的人是呆子，不去推理的人是頑固，不敢推理的人是奴隸。」學習邏輯的用處，在消極方面，能夠在與他人論辯的過程中，指出對方的錯誤形式，制止其繼續詭辯；在積極方面，則幫助我們瞭解理性思考的規則（非自創，是共通的），使說理具有說服力。

　　那麼，何謂「理則學」或「邏輯學」？簡言之，就是「研究思想正確性的科學」。其內容，一般而言包含三個部分：

　　⑴討論概念的問題。概念的定義、功能與表達。

　　⑵討論方法的問題。演繹法 (deduction)、歸納法 (induction) 和辯證法 (dialectic)。

　　⑶討論謬誤的問題。形式謬誤 (formal fallacy) 與非形式謬誤 (informal fallacy)。

1.概念的問題

　　思想以語言形式來表現，語言形式有「合邏輯」、「反邏輯」和「非邏輯」之

分；語言又可細分成語句 (sentence) 和語詞 (term)，簡列如下：

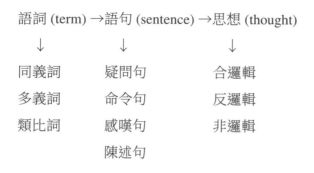

語詞 (term) →語句 (sentence) →思想 (thought)
　　　↓　　　　　　↓　　　　　　　↓
　　同義詞　　　疑問句　　　　合邏輯
　　多義詞　　　命令句　　　　反邏輯
　　類比詞　　　感嘆句　　　　非邏輯
　　　　　　　　陳述句

　　語詞有「同義詞」：不同的名詞卻具有同樣的概念意義（例如浙江吳興縣南潯一帶稱「父親」為「爺爺」，父親和爺爺名稱不同但都表示「孩子的父親」之意），「多義詞」：一個名詞具有兩個或兩個以上的意義內涵（例如「杜鵑」可以指一朵花、一隻鳥或一個女人），以及「類比詞」：一個名詞可用以比喻其他相關的事物，彼此之間的意義部分相同部分不同（例如以「龍頭」比喻一群人的首領，以「河東」比喻太太）；在與人交談時，如果對所使用的名詞意義沒有注意到上列現象或含糊使用，不但溝通不易也會經常引發許多的誤解。Voltaire 就說：「假使你願意和我談話，請你先把你所用的名詞下個定義。」將名詞的概念定義清楚，是邏輯思考的第一步，想讓訊息傳達不被扭曲，在用字遣詞上就要謹慎，避免產生「弦外之音」。亦即，我們雖然使用共通的語詞與人交談，但我們所指涉的內容和別人所領會的內容卻有可能不同，以至於發生「我指東你聽成西」或「說者無心聽者有意」的情形。舉個具體的例子來說，一個花心男人可能會把「我愛你」時時掛在嘴上，以博取女性的歡心，但感情慎重的男子當他說「我愛你」時，可能已經有結婚的意思；而女生問男生「你到底愛不愛我？」時，這個愛的意義到底如何很難拿捏，難怪有許多男士會發現，遇到這類問題，通常說什麼女生似乎都不會太滿意。俗話說：「別人不是我們肚子裡的蛔蟲。」所以真的想要讓對方瞭解我們真正的意思，第一步就是要把話「說清楚」，而條理分明的言談正是邏輯訓練的成績。平常我們就可在一般辯論比賽的場合看到，賽前領隊必須先就辯論主題中的

各個字義建立共識方能進行辯論，並且在比賽過程中，不能重新定義詞義，或出現新的概念內容，這也是為避免語詞歧異造成辯論無法產生交集，而需事先注意的事項。

　　學習邏輯並非是要在日常生活中，隨時隨地注意思考規則，果真那麼吹毛求疵，相信別人一與之談話就會逃之夭夭，或轉移目標談些無關緊要的話題。語句因為有「疑問句」（你好嗎？你吃過飯了沒有？）、「命令句」（你坐下！你出去！）、「感嘆句」（夕陽無限好只是近黃昏）和「陳述句」（星期一不用上課）的區分，因此在交談中，有時只是發表意見、抒發情緒、聯絡感情而已，真正需要慎重論辯的是牽涉到問題的「真」「假」，與真理之判斷有關又希望找到真相時，這時就必須借用邏輯的思考方式來釐清事實，發現真理。所以，語句的表達或思考內容，都有理性和感性、邏輯和非邏輯的一面，有關事實真偽或嚴肅的議題，我們當然不能不嚴謹，這時邏輯訓練就能發揮其功能，找出違「反邏輯」的陳述，以合乎「邏輯」的要求，但一般的人際溝通，「非邏輯」的談話情況居多，不妨含糊一點，大家輕鬆愉快。

2.方法的問題

　　邏輯訓練有演繹法、歸納法和辯證法，主要是以演繹法為主。

　　學習邏輯演繹法是為幫助我們辨別真理與虛妄，如果我們的「判斷」(judgement) 符合事實，即為「真」(true)，反之則為「假」(false)；如果我們的「推論」(inference) 正確，則由此構成的思考是「有效的」(valid)，反之則是「無效的」(invalid)；通常前提為真，推論又有效，其結論就可以保證為真。

〈判斷的形式〉

All,Some	+	S	+	areorarenot	+	P
量詞		主詞		繫詞		賓詞
(quantifier)		(subject)		(copula)		(predicate)

〈判斷的種類〉

SAP　全稱肯定判斷

SEP　全稱否定判斷

SIP　特稱肯定判斷

SOP　特稱否定判斷

〈推論的方法〉

直接推論（換位法、換質法、對當法）

三段推論（由兩個前提推出一個結論）

間接推論（雙刀法、假言選言、混合式……）

　　以上所列是邏輯演繹法的主要內容，也是在深入這門課程之前必備的知識，在一般「邏輯學」或「理則學」的書籍當中均有詳細的討論。至於「歸納法」是指由部分推論到全體的論證，例如「張三會死，李四會死，所以人皆會死」；由隨機抽樣的方式而推論出具備多少百分比特性的統計法，也是歸納法的一種應用，例如「某電視臺的某節目佔該時段的收視率第一名」。「辯證法」是指經由正面的陳述（正）和反面的駁斥（反），逐步逼顯出事實真相（合）的方法。在哲學史上，蘇格拉底即已開始使用這樣的對話方式，使與之交談者，為了回答蘇氏的詰難，反而逐漸釐清自己的概念；而著名的「辯證唯物論」，則是由於黑格爾「正反合辯證運動」之影響，被用於解釋物質和經濟領域的論述。

3. 謬誤的問題

　　修了幾個學分的邏輯課，並不能保證以後講話就能頭頭是道，十分邏輯；要達到融會貫通並靈活運用的境界，是必須下一番功夫先學規則，再用心體會、仔細觀察生活中的應用。不過有一項可讓初學者現學現賣的部分就是，邏輯學中針對謬誤問題的討論，不但信手拈來就有許多實例可立即予以解說應用，讓大家瞭

解在日常對話中，不合邏輯是多麼經常發生的現象，而且也會發現由於適當利用謬誤，有時反而可化解緊張，製造風趣幽默的形象。這是為什麼坊間許多與邏輯相關的書籍，大多以謬誤的討論為賣點且大發利市的原因：掌握幾個重要的原則，就能左右逢源、舉證歷歷，讀來妙趣橫生不太花腦力，當然受歡迎，如果我們也能瞭解其中的原理，也可以是幽默高手，這是學習邏輯額外的收穫。不過，以嚴謹的邏輯分析而言，熟悉謬誤是為了避免產生謬誤。借用當代大師級的思想家波柏 (Karl Popper, 1902～1994) 的看法：與其勾勒不著邊際的烏托邦，或者追尋所謂的絕對真理，不如從學習如何避免錯誤開始。

通常邏輯書會將謬誤分成形式謬誤和非形式謬誤：

⑴形式謬誤 (formal fallacy)

所謂「形式謬誤」是指，表面上看似合理的推論，其實卻犯了邏輯上的錯誤。例如，以下面四例來看：

A.如果你愛我，則你應該娶我；你說你愛我；所以，你應該娶我。

B.如果你愛我，則你應該娶我；你娶了我；所以，你是愛我的。

C.如果你愛我，則你應該娶我；你說你不愛我；所以你不應該娶我。

D.如果你愛我，則你應該娶我；你沒有娶我；所以你不愛我。

一般人看到這四個句子，除非懂得邏輯的「肯前律」，否則很難立即判斷哪一個推理才是正確的，如果有人以為 B 句或 C 句很合邏輯，那就是犯了形式謬誤。

⑵非形式謬誤 (informal fallacy)

和邏輯的推理形式沒有必然的關連，但卻由於對問題不留意，或者因為語言的曖昧含混，使我們陷入錯誤的判斷和推理，我們稱之為非形式謬誤。很多討論思考趣味的專書，對這類謬誤著墨最多，此處簡單列舉幾個較為常見的謬誤：

A.訴諸武力的謬誤：透過武力恐嚇的辦法，使人接受其觀點。

ex.‧哥哥叫妹妹盛飯，理由是：「你是我妹妹，不聽就揍你。」

　　‧憧（ㄔㄨㄥ）憬念成「ㄔㄨㄤˊ」憬，因為是長官而不敢糾正他。

B.人身攻擊的謬誤：因討厭某人而不接受其主張，將人與事混為一談。

ex.‧「狗嘴吐不出象牙！」講話有沒有道理和一個人的長相並沒有關係，但

我們對於不順眼的人，通常也不太能接納他的意見。

· 「這麼好的人（人格特徵）怎麼會騙我（有無欺騙的事實）？」好人、壞人都會騙人，重點是到底有沒有欺騙的事實？

C.愚妄無知的謬誤：認為某一見解為真，是因為無法證明其為假；或認為是假，是因為無法證明其為真。

ex.· 「你所提的理由不成立，所以我的理由成立。」正確的作法應該是「我的理由成立」要另尋證明，不能因為別人的理由不成立，自己的就可以成立。

· 「神並不存在，因為你提不出神存在的證明。」這也是常見的謬誤，提不出神存在的證明，並不能斷言神就不存在，我們也必須提出「神不存在」的證明。

D.人多勢眾的謬誤：借助人多勢眾以獲得支持，而非由於論證正確。

ex.· 貓王迷說：「貓王並沒有死，只是為戒毒隱居起來，大家都這麼說。」

· 推銷員說：「某一種香煙或某一種車子性能最好，因為這種牌子銷路最多。」 銷路多有可能是賤價出售，或廣告促銷成功，有時性能很好的車，因價格昂貴，反而銷路少。

E.權威形象的謬誤：引用權威或形象良好人士的看法，以期贏得人們對其論點的認同。

ex. 鋼琴家拍洗髮精廣告、政治名嘴電視上賣冰棒、偶像明星為某種品牌推銷等等，但生化博士拍某洗衣粉的檢定合格廣告，可以不列入此謬誤。

F.以全概偏的謬誤：用一個通則來解釋一個特殊事例。

ex.· 「昨天你買什麼，今天就吃什麼。」（此句為通則，意指能吃的東西），「昨天我買的是生豬肉，今天我們就吃生豬肉吧！」（特例，不適用於通則）。

· 「女人都是小心眼的，蕾蕾當然不例外。」只要有一個女生不小心眼，這句話立即推翻，有沒有小心眼和是不是女人無關，有很多男人的心眼就未必比女人大多少。

G.以偏概全的謬誤：以少數事例便作成一個通則。

ex.‧某人飲酒鬧事，大家便認為喝酒是不好的事情，應予以禁止。

　　‧某學生因看了《完全自殺手冊》而自殺，有人乃認為此書應全面禁賣。

H.誤植原因的謬誤：因為事件一前一後發生，乃認為它們之間有因果關聯，事實上並沒有。

ex.‧老一輩的人常說：「地震時，學牛哞哞叫，地震便會停止；日蝕時，敲鑼打鼓，太陽就又出來。」

　　‧看到烏鴉或黑貓，摔了一跤，從此認為此兩種動物皆是不吉祥的。

I.複式問題的謬誤：一個問題中包含兩個問題。

ex.‧聯考到了，媽媽問：「晚上『三國演義』好不好看？」其實是想知道孩子有沒有讀書。

　　‧記者問宋楚瑜：「如果當選總統最想做的是什麼？」其實是想知道他是不是在為二十一世紀的總統大選鋪路，是不是要宣布參選。

J.文不對題的謬誤：就是答非所問，這有時是迴避正面回答問題的技巧，政治人物較慣用。

ex.‧記者問國民黨祕書長章孝嚴：「你對陳水扁選臺北市長有何看法？」章孝嚴回答：「我們對國民黨有信心。」

　　‧「你女朋友長得怎麼樣？」「我女朋友實在很善解人意又溫柔體貼！」

K.偏執兩端的謬誤：兩種極端、非此即彼的想法。

ex.‧好人、壞人之分，其實人常是壞中有點好，好中又有點壞的情形。

　　‧「張小姐你今天好漂亮！」「你意思是說我以前很醜喔！」在漂亮和醜之間，還有很多的形容詞，例如氣質佳、角度好……。

L.歧義曖昧的謬誤：「歧義」：使用的語詞，有兩個或兩個以上的意義；「曖昧」：一個語詞其所運用的範圍不確定。

ex.‧姓名的聯想：廖康（錢財垮光了）、史老闆（死老闆）。

　　‧語意的聯想：同事佔用電話不放，忍不住告訴他：「可不可以讓我『打』一下？」俏皮的可能會回答說：「讓你『摃』也沒關係呀！」

· 求神問卜的多種解釋：「父在母先亡」，誰先亡？「身在此山中雲深不知
處」，聯考及第否？

M.加重語氣的謬誤：同一句話，倘重讀部位不同，便會有不同的意義。

ex. · 「女人沒有男人便會迷失」，這句話可有兩種讀法：「女人，沒有男人便
會迷失」和「女人沒有，男人便會迷失」，到底是誰迷失？

· 「大副今天酗酒」和「船長今天沒有酗酒」，誰喝得比較凶？事實上是
大副天天酗酒，船長忍不住在航海日記上記他一筆，大副酒醒後也附記
一筆，兩人寫的並沒有錯，如果你是船東，你解讀得出來真相嗎？

二、知識論 (Epistemology)

真理是什麼？人是否能夠確定不移的認識到真理？這是知識是否可能的重要
問題。紀元前四、五世紀的哲學家果奇亞斯 (Gorgias of Leontinoi, 483～375/6
B.C.)，曾提出三個論斷，道出懷疑論的精髓：

(1)什麼都不存在；

(2)如果存在，我們也無法認識；

(3)即使認識，也無法傳達。

知識起源於感官經驗，經驗逐漸累積成理性的推理：由歸納法建立普遍之知，
由演繹法論述個別，由辯證法揚棄虛妄、提升真實。因為構成知識有三個要素：
「認識的主體」、「被認識對象」和「認識的活動」，討論起知識的真實性時，也因
這三個要素的複雜性，更顯困難。一般的哲學討論大致先說明何謂真理（前面已
提到名詞定義的重要），再進一步批判知識的可靠性。

1.真假的問題

(1)符合論 (correspondence theory)

思想內容與事實狀況相符合，就為真，反之為假，這種看法稱之為「真理符
合論」。

困難在於，所謂的「符合」如何認定？例如，「這是一棵樹」的判斷，「這」是語詞，「樹」是實物，前者內涵固定，後者卻在時空中不斷變化，當它變成枯樹堆時，還算不算是樹？又如，同樣一件事情發生，卻是眾說紛紜，誰的看法才是真的？

⑵融貫論 (coherence theory)

這種理論認為，知識之真，不是與事實單獨的對應關係，而是在於其中環環相扣的邏輯命題，相互依存、融貫一致，不發生矛盾。

困難在於，虛構的世界也可以從頭到尾彼此融貫，就像倪匡的科幻小說，說得頭頭是道、精采動人，但卻不是真的。

⑶實用論 (pragmatic theory)

假如某類知識對人類發揮效用，或者接受它可以帶來好處，那麼這種知識就是真知。

效益是否可以取代真理？或者因為它是真的所以有效，真理和效益有因果關連？這是未被解決但顯然值得深思的問題。

⑷相對論 (relative theory)

普羅達哥拉斯 (Protagoras, 481～411 B.C.) 說：「人是萬物的權衡。」這句話的意思可以解釋成，真理是相對的，絕對之知不可得。亦即，所有的信念皆可以等真，但是社會上德高望重的人物之信念「較佳」（非「更真」），所以人們應接受他們的建議，以便穩定社會秩序。

如果不存在對全體人類普遍可行的知識真理，那麼，倫理學的認知基礎就顯得搖搖欲墜，人對權利、義務的觀念，可能就要變得荒誕不經了。

2.知識的意義

如上述真理觀的眾說紛紜、莫衷一是的現象看來，真理的確定可能嗎？知識的追求還有意義嗎？

真理應該離不開事實真相的陳述，即使不能把握到絕對的真理，但經由不斷的探究，也可以趨近於真理。我們如能在一定的程度上，分別採納上述的理論，

例如：證明真相的證據有多少？一連串的推理是否正確？效益程度如何？避免絕對的武斷，相對論較有彈性，也較有容納異己的空間等等，這些都是追求知識之真的意義。維根斯坦的「家族相似論」可用來做個說明：我們找不到全體的共同點，只能找到相似的關聯點，就像一家人看起來彼此相貌相似，卻無法指出全部人員都擁有的共同特徵般，有關真理的論述，即使沒有確定唯一，也離題不遠。

　　Adler 在他的《六大觀念：真、善、美、自由、平等、正義》（前章之推薦讀本）一書中，提出「真理的常識觀」和「真理的永恆（絕對）觀」之分辨。他認為，如果連前者我們都採取徹底的懷疑論姿態的話，日常生活根本都無法進行，「火車『真的』五點開嗎？」「水煮沸到 100℃『真的』能殺菌、飲用嗎？」「他沒有了呼吸就『真的』是死了嗎？」……諸如此類的日常判斷，若全成了見仁見智的觀點，世界哪還有秩序可言？法律上許多犯罪行為的認定，也都變成不可能的任務；至於後者，Adler 認為「最後的決定性」和「不可矯正性」，可作為絕對真理的判準，絕對真理很難獲得，只有在懷疑中的判斷才能使我們更趨近於真理，所以不斷的懷疑，並且澄清懷疑，到了不能再懷疑下去，具備最後決定性質時，就是永恆之真的顯現。

3.消除錯誤的批判法

　　在追求真理的論述中，波柏的主張也值得一提，以作為貫穿本章所討論的內容。波柏曾經批評西方哲學史的傳統始終拘泥於追求「絕對真理」，以至於在社會學方面也一直陷入建構「完美世界」的迷思之中；他認為，這種為絕對真理、為完美社會效力的堅持，不僅不切實際，更因為了促成目的的實現，而不擇手段，亦即具備善之美名的「目的」使惡之「手段」合理化，極權主義即是此種思考邏輯下的結果。波柏提出的針砭之方就是：包容各種嘗試性的方案，並且以消除錯誤的方式，開放社會反省批判的管道，致力於改善現況，這才是社會進步之方；至於在知識真理的追求上，首先應該提出大膽的論證，然後努力去否證它，如果否證成功，則再盡一切可能的提出另一個否證。這個作用很明顯的不是在尋求理論的實證，因為再大量、再嚴格的經驗證據都無法歸納成一個放諸四海皆準的理

論，例如不管你經驗過多少白天鵝，你都不能驟下定論說「所有的天鵝都是白的」一般；追求知識真理反而是要不斷的提出否證，波柏稱之為「消除錯誤的批判法」，在否證的過程中，我們就會瞭解困難在哪裡，事實又是如何了。

因此，學習邏輯，避免思考上的錯誤，有助於在追求知識的過程中，抽絲剝繭建立經得起考驗的證據；並且從不斷的懷疑、否定中，仍能留下來不會再被其他新證據所矯正的論據，才是穩當可靠的真理。

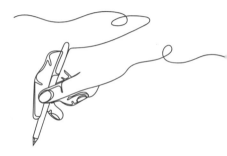

 **附錄一**

現代《羅生門》——
由尹清楓命案談起

1993 年成立的海軍總部武器系統獲得管理室（簡稱武獲室）執行長尹清楓上校，同年十二月十日上午八時許，在東澳外海被捕魚的漁民意外發現浮屍於海面上。屍體被發現之初，軍方曾聲稱尹係「不慎落海溺斃」、「畏罪自殺」等，企圖淡化案情，不料在法醫楊日松博士的解剖驗屍下，發現尹的腦內有嚴重出血，疑是遭鈍器擊傷，且肺部積水不多，顯係死後落水，因而宣布尹上校之死是為「他殺」，且與他所主持的軍火採購案密切相關，使得案情急速擴展，牽連廣大，成為眾所矚目的焦點新聞。本文並非要討論「誰殺了尹清楓？」（說不定文章登出後案情早已水落石出）。此案讓人感興趣的是，為了查明幕後元凶，不但扯出軍中罕為人知的許多密聞，爆發一宗又一宗的案外案，饒富趣味的更是每一位關係人的證詞之精采，活像一齣生動真實的《羅生門》。

《羅生門》是日本蜚聲國際的知名導演黑澤明，根據傑出文學家芥川龍之介的兩篇短篇小說〈羅生門〉與〈竹藪中〉編寫而成。此片曾於 1951 年榮獲威尼斯影展的「金獅獎」，及美國奧斯卡的「最佳外國影片獎」。兩項榮譽使黑澤明聲名大噪，日後並與其他如柏格曼、費里尼、楚浮等知名導演並列為大師級的電影藝術家。該片是從樵夫、僧侶和傭工三人在城門下躲雨，談起一宗離奇的命案而拉開序幕。故事大綱如下：武士偕同其妻路過林中時，遇到正在大樹下休憩的強盜，由於一陣微風吹拂，掀開了女人臉上的面紗，使得強盜在瞥見她美麗的容貌後起

了淫念，於是用計騙使武士被捆綁於樹幹上後，在武士面前強暴了其妻。這整個過程並無疑議，焦點在於事發後武士卻死了，「誰殺了武士？」各種說詞成了這部戲最精采之處，加上劇中人對人性、人生、真理的解析，呈現一種發人深省式的、邏輯思辨性的趣味，使它跳脫原有的故事情節，而被普遍應用到類似的實際事件上，形成《羅生門》特有的格局與術語。

　　武士的屍體是樵夫發現並去衙門報案的，於是強盜、女人、武士加上樵夫共出現了四種不同的說詞：

強盜說：我在佔有武士之妻後，她央求我為了她的幸福必須殺死其夫，基於公平
　　　　起見，我解開了武士的繩子和他決鬥，結果他敵不過我，被我殺了。

女人說：強盜佔有我之後即揚長離去，我在傷心欲絕之時，抬頭卻瞧見我丈夫投
　　　　來鄙夷的眼光，彷彿是怨我為何沒有羞慚而自刎，我在萬念俱灰中可能
　　　　誤殺了我丈夫，因為在一陣昏眩醒來後，丈夫的胸口已然插著我隨身攜
　　　　帶的匕首。

武士說：（透過靈媒的口緩緩道出）強盜佔有我妻後，哄騙她跟他一塊走，不料我
　　　　妻卻提議先將我殺了之後再說，此舉激怒了強盜，他訓斥我妻一番，我
　　　　妻逃逸，他為我解開繩子之後亦跟著離去，留下我獨自飲泣，於是我舉
　　　　起匕首自我了斷。

樵夫說：強暴發生後，強盜央求女人跟他一塊走，女人卻解開武士的繩子，要他
　　　　們兩個決鬥，誰贏了她就跟誰走。武士首先表示不願決鬥放棄了她，強
　　　　盜見狀也不要她了，女人在痛心之餘，以言語挑撥兩個男人決鬥，結果
　　　　兩人在顫抖、毫無招式的混戰中，強盜殺了武士。

　　顯然四個人的供詞都有出入，這意味著：

　　⑴同樣的事實，每個人的立場卻迥然有別，大家都以自己觀看事情的角度、方式來闡述事件的發生，如此一來，「客觀」如何可能？絕對真理怎麼可能存在？我們所能掌握的似乎只是「相對的真實」罷了！

　　⑵供詞中每個自承殺人者流露出的悔恨，其實是就個人所讚賞的典範的一種迂迴的擬態：強盜期許自己是個真正的英雄，所以聲稱是與武士公平決鬥而漂亮

的取了他的性命；妻子不敢面對自己在強暴事件中的輕易就範與事後無勇氣自殺的懦弱，並且希望自己表現出堅貞的情操，而以丈夫的眼光暗喻自己也同等的自我輕賤，於是承認親手殺了丈夫試圖抵銷輕蔑的責難；至於武士，在起初的不智受騙到眼睜睜地目睹妻子遭人凌辱，為掩飾自己的軟弱無能，而塑造出悲壯的自殺氣氛。這種鋪陳的方式不正指出人性的弱點、人生的無奈？人通常只能以自欺的方式來自我擬塑理想的人格典範，我們在日常生活中常拍胸脯吹噓自己是如何了不得時，可能那正是自己所欠缺的部分，於是必須以自我膨脹的方式，來滿足自己的虛榮。自欺的結果常可以使人信以為真，謊言說久了，自己也弄不清楚那個是真那個是假，但謊言通常都是甜蜜醉人的，很多人寧可聽信謊言，也不願接受真實的冷酷無情，裝聾作啞有時是比面對真實來得容易些。

⑶唯一的目擊者樵夫，我們原本希望由他道出真相，但是，因為傭工在聆聽完案情後發現，樵夫偷了那把鑲有珍珠的匕首之隱情，使得他也有了殺人的嫌疑，即為取得匕首並湮滅證據而殺了仍被捆綁著的武士。影片最後，傭工以「人人皆是自私自利」的理由，奪走一個被拋棄在城門下的嬰兒身上之衣物，而樵夫或許基於贖罪的心理把嬰兒抱回家中扶養作為結束。這裡深刻的描繪出：除了自私、自欺、貪婪、無知、無能外，人性還是可以嗅聞出一點同情、憐憫的關懷，在諸惡之中依然混雜著珍貴的良善。

從《羅生門》劇來看尹清楓命案，捲入其中的重要人物，包括同僚、廠商代理人、立法委員，還有涉嫌介入的將領、退役軍官、軍火廠商等等，檢視他們的說詞，有的潸然落淚，有的避重就輕，有的自奉高風亮節，有的誇稱為國為民……，誰會道出真相？縱然把尹清楓從陰曹地府中請出來現身說法，他會堅稱是完全秉公處理或自承也有貪瀆之實？即使不幸尹某確有貪瀆之實，難道他不會從自己有利的一方辯護嗎？真相總是在這種各說各話中被模糊了，剩下的只是對人性的不忍卒睹，以及一份不甘放棄的希望。我們的正義感被「人人皆然」的推理逐步腐蝕，英雄的謊言成了我們最大的慰藉。從這件命案中，我們看到一齣真實的《羅生門》，事實上，在我們日常生活中，此戲也正上演著呢！

（原載《中警半月刊》第六一四期，1994 年 1 月 1 日）

 **附錄二**

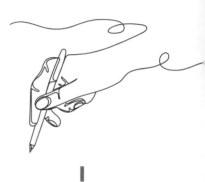

〈美學對話錄〉

第一幕

場景：輔大到臺北的公車上

人物：陳學弟、廖學長

陳學弟：學長，你看！前面剛上車那位留長頭髮的女孩子，對對，就是穿紅上衣、
　　　　白牛仔褲的那位，聽說她是「校園十大美女」之一。

廖學長：（仔細端詳了一會兒）不怎麼樣嘛！你不說我還當她只是普通女孩子，沒
　　　　啥特別之處。

陳學弟：可是，我真覺得她長得不錯呢！尤其是那兩道眉毛，濃濃密密，好漂亮！

廖學長：學弟，我倒想聽聽你的審美觀，你對「美感」的欣賞標準是什麼？看起
　　　　來，你對「漂亮」的要求似乎是低了點喔！

陳學弟：你講這話很不公平耶，你怎麼可以說，我覺得漂亮而你不以為然時，就
　　　　表示我的欣賞能力或標準低呢？

廖學長：那你覺得美有標準嗎？

陳學弟：當然有。

廖學長：舉個例子來聽聽好不好？

陳學弟：比如說，剛剛那女孩她給我「賞心悅目」的感覺，那即是美，如果有人和我有同樣的感覺，也應該都會覺得她是美麗的。

廖學長：你的意思是說，「賞心悅目」即是美了？

陳學弟：對！

廖學長：那麼一個長得不好看的女孩子，打扮好之後，看起來也頗賞心悅目的，你看，她到底算不算是美呢？

陳學弟：我的「賞心悅目」還要加上一個條件。

廖學長：什麼條件？

陳學弟：是「事物本身」就具備有美的本質，使得感覺到它的人，皆能賞心悅目的，就是美。這下你可駁不倒我了吧！

廖學長：學弟，你可不可以再解釋清楚一下，什麼是「事物本身就具備有美的本質」？就是說，你所謂的「美的本質」究竟又是什麼？

陳學弟：「美的本質」？很簡單啊！例如：美麗的人，美麗的小動物，美麗的山水、樹木等等，都能讓我們覺得賞心悅目的，這就是美了。

廖學長：學弟，你不要怪我好像有點咄咄逼人，為了使你的定義更清楚或更牢靠點，我不得不再問你，什麼是「美的本質」？因為你剛剛指出的美麗的人，美麗的小動物等，都只是將美當成形容詞冠在名詞之上，而並沒有解釋「美」本身的內涵。你是不是可以再說清楚點？

陳學弟：（想了一會兒）你知道，我們很難下一個本質定義的，不過我想我會肯定的說，「一件事物經過我的感官知覺，而引起我心中快感的」，那麼這應該就是美的本質定義了。

廖學長：「由感官所產生的快感」即是美？

陳學弟：是的。

廖學長：這看起來好像是個不錯的定義，不過我們再想想，如果說，「不是由感官所產生的快感」，比如說閉起眼睛的空想；和「雖由感官產生但非快感」，比如有句話叫「美麗的悲劇」；這兩者之間的「美」難道不是美了嗎？你懂我的意思吧！

陳學弟：我知道，你是指「由感官所產生的快感」以外的美，算不算是美，是吧！

廖學長：對的！

陳學弟：應該……應該也算是美吧！

廖學長：學弟，這樣一來，你的美的定義又站不住了，還得再修正喔！

陳學弟：嘿！學長，你總該承認事物當中有一共同的性質，讓我們感受到它的美吧？

廖學長：沒錯！可是所謂美的「共同性質」是什麼？

陳學弟：我想這是「自明的」，可心領神會不可言傳。就好像我們說，標準必有其「客觀性」所在，為人人所共同遵守一樣，美的定義也有其客觀標準所在才對。而這客觀標準即是「自明的」。

廖學長：如果每次討論事情，你都拿出「這是自明的」來當擋箭牌的話，我想我們的智慧都不會有所長進的。何況，你這話當中又有很大的毛病在。

陳學弟：什麼毛病？

廖學長：什麼叫做「客觀標準」？

陳學弟：道德、倫理、法律……的標準都是客觀的啊！

廖學長：好。如果說在我們這裡認為，兄妹結婚是敗壞人倫道德的一種醜陋行為，可是，在其他地方卻有人將它當成理所當然的事情，甚至，《聖經》上記載人類的始祖亞當和夏娃，如果他們的子女沒有「亂倫」，怎麼會有人類呢？你怎麼解釋這些狀況？還有客觀標準存在嗎？

陳學弟：那是遠古時候，要不然就是文化落後的地區。

廖學長：照你這樣說，客觀標準是以高文化的地區為主？

陳學弟：對！

廖學長：那我們來談談高文明國家中的法律。一個殺人的罪犯，有人認為應該「殺一命償一命」，唯一死刑；有人就主張死刑是「以暴制暴」，是不人道的，應該廢除死刑。這你怎麼說？

陳學弟：聽你的口氣，好像在宣布，這世界根本沒有所謂的客觀真理。

廖學長：這我可不敢馬上下定論，我只說所謂的客觀標準，應當是建立在社會習

慣的共同認同下，而沒有絕對的必然性。至於有沒有「絕對的客觀真理」存在，我想尚有待我們努力去證明。

陳學弟：車子到中華路我要下車了。真遺憾，今天的討論一點結果都沒有。

廖學長：我倒不這麼認為。

陳學弟：講得口乾舌燥卻沒有結論，美女也不知幾時下車不見了，你不覺得遺憾？

廖學長：你那麼肯定任何一件事都要有結論，才叫有意義嗎？

陳學弟：探求真理難道不就是在尋求確切的答案？

廖學長：答案不見得就是確定不移的，也不一定就出現在結論裡；「真理」有可能是「變化」而非「永恆」，而且經常是在過程中被我們把握。

陳學弟：別再說了，我都被你搞糊塗了，好端端的欣賞美女的心情，都被你破壞了！BYE！

第二幕

場景：蘇老哥家客廳

人物：陳學弟、張同學、王小姐、蘇老哥

陳學弟：蘇老哥，你今天這泡茶的味道怎麼特別好啊！

張同學：嘿！你真呆，來的人不一樣呀！

陳學弟：（靈機一變）喔！是呀！王姐，真托你的福，今天才有好茶喝。人長得美，實在到哪裡都吃香。

王小姐：別胡說了，什麼美不美的，我現在還沒有男朋友呢！

蘇老哥：美和有沒有男朋友怎麼會扯上關係？

陳學弟：好問題啊，老哥，我想請教你一下什麼叫做美，可不可以告訴我一個明確的定義？（他想起那天在公車上，和廖學長沒有結論的談話）

蘇老哥：嗯！你先說說看你的看法是什麼？

張同學：我先說，我的答案你一定很滿意！

陳學弟：請說。

張同學：仔細聽啊！所謂美就是「人的心靈對外界事物（無論是聲、光、色、形）

所引發的一種感覺，譬如，醜的、美的、喜歡的、厭惡的……情感」。

陳學弟：是不是可以簡略一點的說就是，「能感動我，且牽動我喜怒哀樂等諸情欲者」就是美。

蘇老哥：為什麼你們對美的定義是這樣，可不可以說明一下理由？

張同學：因為美感經驗是借助於感官知覺的。

陳學弟：當有人問我「美是什麼」時，首先映入腦海中的直覺反應就是「感動」。這種感動又經常伴隨著一種戰慄的喜悅，即使是悲慘的情緒反應，有時也是一種美，一種悽惻的美，蒼涼的美。所以，我說「能感動我且牽動我喜怒哀樂等諸情欲者，就是美」。

蘇老哥：那麼一件驚心動魄的車禍現場，也是美囉？

陳學弟：我指的是作品而非事件。例如，一場電影雖是悲痛的結局，但整部戲讓人的感覺可以是美的。

王小姐：我想請問一下陳小弟，你把美的定義局限在作品而不是事件，那麼事件的美該如何定義呢？比如說，結婚的場面，這種事件算不算是美？

張同學：或許這樣吧，我們將原先的定義修正一下，「可以引起我內心快樂的感受者就是美」，這好像比較貼切些。

蘇老哥：你的意思是，「快感」即是美囉？

張同學：可以這樣說。

王小姐：我不同意。我認為美感並不等於快樂的感覺，快感也並不就是美感。因為，我們口渴時喝了水就有快感，肚子餓時吃了飯也有快感，在這裡面，多少帶有實用的味道。但是美感不同，我們可以無所為而為，可以毫無目的性的去欣賞一個人或一幅畫，而有美感產生。也就是說，美本身應該是一種直覺的，在欣賞的當下，馬上有一種心領神會的美感發出，而不是有所期待之後的滿足。更何況，很明顯的，能引發快感的東西並不就是美。

蘇老哥：你認為美感不具實用性質？也不是指快感？

王小姐：嗯！

蘇老哥：那麼你對美的定義是什麼？

王小姐：「恰到好處」。

蘇老哥：恰到好處？

王小姐：是呀！一個女孩子長得恰到好處，不太高不太矮、不太胖不太瘦，這樣
　　　　讓人一看就覺得美。一件藝術作品完成得恰到好處，就是美。

陳學弟：請問你，所謂的「恰到好處」，又是怎麼樣的恰到好處法呢？

王小姐：就是不要太過也不要不及。

陳學弟：可不可以舉點實際的例子？

王小姐：比如說，我在畫幅廣告設計圖時，「麥當勞」三個字我用粗線條且流線型
　　　　字體時，我下面所擺的字就不能太硬性的字，例如楷字或方新書，而該
　　　　採用較柔軟的字體，好比中圓體或細圓體這些字樣。這樣整個畫面才會
　　　　顯得較協調，這就是所謂的恰到好處了。

陳學弟：那好吧，如果說恰到好處即是美，那麼我們為一隻猴子，穿上一套恰到
　　　　好處的衣服，那也是美了？

王小姐：可以這麼說。

陳學弟：狗也是？

王小姐：（略微遲疑）是的。

陳學弟：人和猴子和狗的美有沒有不同呢？

王小姐：就感受而言都是一樣的。

陳學弟：就感受而言都是一樣？你的意思是美麗的小姐和美麗的猴子是沒有分別
　　　　的？

張同學：這太可怕了！簡直是在詭辯。

蘇老哥：為什麼？你認為人就應該比較美嗎？

張同學：我覺得美應該有個標準，有個放諸四海皆準的標準。

蘇老哥：那個標準又是什麼？

陳學弟：你是不是想說那是自明的？可是有人曾經駁斥這種說法是一種逃避的
　　　　行為。

張同學：要對美下個定義可真不簡單。

陳學弟：當然。連蘇格拉底都說：「美是難的。」可是，聰明的老哥，你今天總不
　　　　能讓我們失望吧？可不可以綜合出一個明確的定義來？我記得，笛卡兒
　　　　曾說：「任何學問都要從清晰明瞭的第一明顯處開始。」

蘇老哥：嗯！康德也說過：「哲學研究不是從清晰的定義開始。」這樣吧，我們來
　　　　看看哲學家怎麼定義美，然後看看有沒有比較妥當的說法。

陳學弟：這最好不過了。

蘇老哥：就從柏拉圖說起吧。柏拉圖最有名的就是他的「回憶說」：經驗世界中的
　　　　一切事物皆是觀念世界的模仿，我們的認識作用，僅是在回憶以前靈魂
　　　　尚未和肉體結合前的所見所聞。

張同學：嗯，肉體是靈魂的監獄。

蘇老哥：所以，在觀念界中「美的理型」，就是我們現象界中美的典範。

陳學弟：老哥，講點實際性的好不好？這種二元論聽起來好像神話故事，太玄了。

張同學：我記得中世紀聖多瑪斯是這麼說的：「美者，娛目也。」

陳學弟：這不就又回到我們剛剛那個「美感與快感」的爭論問題上了嗎？不知道
　　　　亞里斯多德怎麼說的？

蘇老哥：亞里斯多德在他的《形上學》中是曾說過：「美的主要形式是秩序、對稱
　　　　與明確。」但是對美的本質意義卻沒有更進一步的說明。

張同學：這「秩序、對稱與明確」好像只能說是美的特性，或用哲學上的術語只
　　　　是「依附體」而已，並不足以定義美本身。據我所知，黑格爾的美學十
　　　　分精采，我們可以參考一下他是怎麼定義美的。

王小姐：我有修美學課，如果我沒記錯的話，黑格爾是這麼說的：「美是經由感覺
　　　　媒質（如色彩、語言）展現出來的理念。」

張同學：這種說法，好像又只是注重在「美的作用」上而言，也沒有具體的勾勒
　　　　出美本身的定義。因為「美是經由色彩和語言所表達出來的理念」，這句
　　　　話所強調的是美的表達過程，而不是美的實質內容。

蘇老哥：我想，討論了這麼久，我們應先釐清「定義」這個名詞，再來繼續討論

「美的定義」。定義可分為「本質定義」和「描述定義」。像「人是理性的動物」這句話就可稱為是本質定義，其他就很難再找出適當的本質定義了，通常我們對事物所下的定義都是描述定義。從剛剛的討論下來，我想對「美」也是一樣，我們很難找出一條放諸四海皆準的條例，我們只能說，我們所找到的都是美的描述定義。維根斯坦曾以「家族相似」性來說明這種現象：我們找不到全體的共同點（所謂本質定義），我們只能找到相似的關連點，就像一家人看來彼此相貌相似，卻無法指出全部人都擁有的共同特徵。

陳學弟：對「真理」的探求，好像也是這樣。

蘇老哥：是啊，哲學史上，因對真理的見解不一，而產生許多的派別，到底誰說的最正確，我們還沒有一個定論。我們只能說，他們學說中正確之處，都只能代表真理的一部分而非全部。……怎麼樣？你們都滿意了嗎？

第三幕
場景：臺北到輔大的公車上
人物：陳學弟、張同學

陳學弟：對美的討論，你有何感想？

張同學：我仍然有點迷惑。

陳學弟：為什麼？是不是覺得「美」，好像很清楚又好像很模糊？

張同學：是啊，平常似乎人人都知道美為何物，也瞭解什麼才稱得上是美，可是一旦討論起來，卻被批駁得體無完膚的感覺。

陳學弟：「美是難的」啊！

張同學：我記得 Moore 說：「善是非常單純而又不能解釋的。」我想「美」又何嘗不是如此！

（此文係 1984 年大三時之作品，曾發表於期刊上，附錄於此處，藉以說明哲學討論常見的論辯、初學者的困擾，以及一般思考的不周延情形。）

 **推薦讀本**

歐文·科皮 (Irving M. Copi) 著,《邏輯概論》(INTRODUCTION TO LOGIC),張身華譯,臺北,幼獅文化,1987,十六版。

▶ 學習邏輯的入門書,也有不少教邏輯學的老師將此書作為課堂用書,因為內容精簡,一學期下來正好該講的重點大致都不會遺漏,因此讀完此書,對於邏輯學也會有基本的認識。

馬丁·葛登能 (Martin Gardner) 著,《跳出思路的陷阱——有趣的推理》(AHA GOTCHA: PARADOXES TO PUZZLE AND DELIGHT),薛美珍譯,臺北,天下人知識系列,1989,初版六刷。

▶ 在本章內容中已提到,邏輯謬誤的運用妙趣橫生,其他匪夷所思的認知方式,也能製造意想不到的「笑果」,本書有許多精采的例子。

陶國璋著,《思考的盲點》,臺北,書林出版有限公司,1993,初版。

▶「盲點就是不自覺的思考方式」,作者在本書中詳細的討論各種思考類型的形成過程、偏執原因及其症候群,在閱讀此書的過程中,讀者將不難發現,獨立自決的思考者,在周圍人群裡面真稱得上是鳳毛麟角。

 電影欣賞

黑澤明導演,《羅生門》,臺北,眼福視聽企業有限公司,1950,片長 87 分。

▶ 日本名聞遐邇的大導演黑澤明,獲得國際影展大獎的成名作,參見本章〈附錄一〉之介紹。

三村晴彦 (みむら はるひこ) 導演，《天城山奇案》，臺北，三映傳播，片長 95 分。

▶ 川端康成《伊豆的舞孃》部分章節的電影版，加上一件超過二十年有效追訴期後才真相大白的離奇命案，以及田中裕子（阿信）的精采演技，本片值得收藏。

康柏力克 (Stanley Kubrick) 導演，《發條桔子》(*A CLOCKWORK ORANGE*)，臺北，三映傳播，片長 135 分。

▶ 政治的真理就是「權力」，權力決定事實應該如何顯現，一部極盡諷刺之能事的佳作。

西洋哲學史

傅偉勳　著

作者傅偉勳將這本哲學史定位成一部「具批判性質的西洋哲學史」，並同時認為「哲學」一詞雖然難以定義，但不妨將哲學看成是一部哲學發展、辯證的歷史。本書強調客觀公平地審視各派別的理論學說與內在關係，希望讀者在閱讀本書時可以培養包容各種觀點的態度與批判思考的能力。

基本倫理學

林火旺　著

本書不只介紹了西方兩千多年來主要的倫理思想，也藉由臺灣的社會實例，具體呈現倫理學的哲學討論。認識這些不同的倫理主張，既能開拓我們的視野和深度，也能豐富我們生命的內容，並藉此重新回到人的本質，找回追尋幸福的基本方向。

形上學要義

彭孟堯　著

本書介紹在英美哲學思潮下發展的形上學，解說形上學最根本的四大概念：等同、存在、性質、本質，同時也探討了「個物」以及「自然類」等概念。另外，基於形上學必定要探討這個世界的結構，尤其是這個世界的因果結構，本書特別對於因果關係進行一些說明。

知識論

彭孟堯　著

本書除了介紹西方傳統的知識論之外，也著重解說當代英美哲學界在知識論領域的研究成果與發展，並引進認知科學以及科學哲學的相關研究成果，輔助並擴充對於知識論各項議題的掌握。

邏輯

林正弘　著

本書是初等符號邏輯的教科書。所謂「初等」有兩層含意。第一，在內容方面，包括語句邏輯以及含有等同符號、運算符號和個體變元的量限邏輯，而不包括集合論、多值邏輯，以及含有述詞變元的量限邏輯等在內；第二，在方法上，採用自然演繹法，設計一套由前提導出結論的推論規則，而不採用公理法，把邏輯定理構成公理系統。

國家圖書館出版品預行編目資料

人生哲學／林麗珊著.——四版一刷.——臺北市：三
民，2023
面；　公分.——（哲學）

ISBN 978-957-14-7710-7 （平裝）
1. 人生哲學

191.9   112015958

👓 哲學

人生哲學

作　　者	林麗珊
發 行 人	劉振強
出 版 者	三民書局股份有限公司
地　　址	臺北市復興北路 386 號 (復北門市)
	臺北市重慶南路一段 61 號 (重南門市)
電　　話	(02)25006600
網　　址	三民網路書店 https://www.sanmin.com.tw
出版日期	初版一刷 1998 年 4 月
	三版三刷 2015 年 7 月
	四版一刷 2023 年 11 月
書籍編號	S190370
I S B N	978-957-14-7710-7

三民書局